회복탄력성의
모든 것

THE VIRTUE OF RESILIENCE
James D. Whitehead and Evelyn Eaton Whitehead

Copyright © 2016 by James D. Whitehead and Evelyn Eaton Whitehead
Published in 2016 by Orbis Books, Maryknoll, New York 10545-0302
Korean translation copyright © 2018 by ST PAULS, Seoul, Korea

회복탄력성의 모든 것

발행일 2018. 1. 22

글쓴이 제임스 D. 화이트헤드 · 에벌린 이튼 화이트헤드
옮긴이 문종원
펴낸이 서영주
총편집 서영필
편집 손옥희, 김정희 **디자인** 송진희
제작 김안순 **마케팅** 최기영 **인쇄** 영신사

펴낸곳 성바오로
출판등록 7-93호 1992. 10. 6
주소 서울특별시 강북구 오현로7길 20(미아동)
취급처 성바오로보급소 **전화** 944-8300, 986-1361
팩스 986-1365 **통신판매** 945-2972
E-mail bookclub@paolo.net
인터넷 서점 www.**paolo**.net
www.facebook.com/**stpaulskr**

값 15,000원
ISBN 978-89-8015-904-8
교회인가 서울대교구 2017. 9. 29 **SSP** 1056

이 도서의 국립중앙도서관 출판예정도서목록(CIP)은 서지정보유통지원시스템 홈페이지(http://seoji.nl.go.kr)와 국가자료공동목록시스템(http://www.nl.go.kr/kolisnet)에서 이용하실 수 있습니다. (CIP제어번호 : CIP2018001141)

이 책은 저작권법의 보호를 받으므로 무단전재와 무단복제를 금합니다.
이 책 내용의 전부 또는 일부를 재사용하려면 반드시 저작권자와 성바오로출판사의 동의를 얻어야 합니다.

회복탄력성의 모든 것

제임스 D. 화이트헤드 · 에벌린 이튼 화이트헤드 글

문종원 옮김

서언

회복탄력성Resilience이라는 인간의 능력은 위기를 견디어 내고, 반복되는 어려움을 이겨 내고, 역경을 헤쳐 나가도록 심리학적이고 영적인 자원들을 결속시킨다. 우리는 회복탄력성을 인간의 영이 지니고 있는 면역 체계로 설명할 수 있다.

개인의 회복탄력성은 충실성과 유연성이 합해짐으로써 생긴다. 우리는 동료들로부터 관심을 이끌어 내고, 문제를 재구성하고, 견디어 낼 결심을 하면서 생존한다. 또한 회복탄력성은 개인적인 자원 그 이상의 것이다. 우리는 가족 안에서, 그리고 시민 공동체와 믿음 공동체 안에서 이 능력을 기르기 위해 노력한다. 이 책을 통해 우리는 회복탄력성의 덕목으로 우리의 삶을 빛내기 위해 모아진 강점들을 추적한다.

차례

서언　5

1
회복탄력성의 은총
관심을 이끌어내기, 재구성하기, 결심하기

13

회복탄력성의 세 가지 'R' | 심리학적인 회복탄력성 | 심리학적인 회복탄력성의 근원 | 회복탄력성의 이야기들 | 실패를 재구성하기

2
개인의 회복탄력성 – 감정의 역할
두려움, 용기, 인내의 상호 작용

31

회복탄력성에 대한 사례 연구: 국회 의원 개브리엘 기퍼즈 | 두려움, 용기, 인내에 균형 유지하기 | 인내로서의 용기 | 만족이라는 차분한 기분

3

47

회복탄력성과 힘의 얼굴

회복탄력성의 기반으로서 개인의 힘

개인이 지닌 힘의 얼굴들 | 힘과 약점

4

67

사회적 회복탄력성 – 위기와 적응성

안아 주는 환경 – 충실성과 유연성

두 척의 난파선: 회복탄력성에 대한 비유 | 소속하고 승리하는 이야기, 상징, 전례들

5   83

영적 회복탄력성 – 역경의 전환
소속과 저항의 자원들

영적 회복탄력성에 대해 새로워진 관심 | 영적 회복탄력성과 소속
영적 회복탄력성에 대한 성경 이야기들 | 영적 회복탄력성에서 믿음의 역할

6   99

군인의 회복탄력성 – 강점과 취약성
상처 치유하기, 회복탄력성 기르기

군대의 회복탄력성에 대한 이야기와 상징들 | 시험된 회복탄력성
회복탄력성의 붕괴 | 군인의 딜레마: 취약성 | 영적 회복탄력성과 군대 | 재생된 회복탄력성: '파괴된 인격' 치유하기

7   119

시민의 회복탄력성 – 정치적 감정 육성하기
시민의 동정심 – 보스턴과 뉴올리언스

정치적 감정들 | 정치적 감정과 시민의 회복탄력성 | 시민의 슬퍼하기와 대중 예술 | 뉴올리언스: 상처 입은 도시에서의 회복탄력성 | 성문에서의 공정 | 시민의 회복탄력성 측정하기: 보스턴과 뉴올리언스

8   137

고통에서의 회복탄력성
외상과 비극 – 치료 없는 치유

고통을 이야기하기 – '아니요'라고 말하기, '예'라고 말하기 | 시민의 고통: 내전을 슬퍼하기 | 고통에서의 회복탄력성: 취약성 | '치료 없는 치유'

9 151

위험에서의 회복탄력성 – 통합성의 도전
소속의 위험과 통합성의 덕

소속의 위험: 거짓 자기 | 위기로부터 오는 은총 | 통합성의 덕

10 163

회복탄력성을 발달시키기 – 명상(마음 챙김)과 유머
시간을 되찾아 잘 쓰기와 유머를 훈련하기

시간을 되찾아 잘 쓰기 | 회복탄력성: 유머 발견하기 | 유머의 생리학 | 유머의 심리학 | 유머 없는 신앙 | 유머와 회복탄력성

11   179

회복탄력성 훈련하기 – 희망과 감사

희망과 감사의 자원들

올바르게 희망하는 법 배우기 | 종교적 희망을 존중하기 | 감사하기 | 감사의 덕

12   195

노화에서의 회복탄력성

일생 동안의 회복탄력성 지원하기

회복탄력성 강화하기 | 재구성하는 것으로서의 회복탄력성 | 삶의 재음미 | 성숙한 회복탄력성의 힘 | 지혜의 덕

자료   212
참고 문헌   227

1

회복탄력성의 은총

관심을 이끌어내기, 재구성하기, 결심하기

1

"환난은 인내를 자아내고 인내는 수양을,
수양은 희망을 자아냅니다."(로마 5,3-4)

회복탄력성은 명백한 그리고 신비스러운 내적 자원이다. 우리는 심한 무릎 부상에서 빠르게 회복되어 경기장으로 돌아온 운동선수가 훨씬 더 향상된 수준으로 경기를 하는 것에 놀란다. 더 놀라운 것은, 남아프리카 정치인 넬슨 만델라Nelson Mandela가 정치범으로 27년간의 수감 생활에서 살아남았을 뿐만 아니라, 그 나라 역사의 중요한 시점에서 궁지에 몰린 조국에 국가적 지도력을 발휘할 수 있는 윤리적 통합성과 영적인 힘을 지니고 국민들 앞에 모습을 드러내었다는 것이다. 어떤 개인적인 자질이나 윤리적인 힘이 이러한 것들을 가능하게 한 것일까? 미국 심리학회는 회복탄력성을 이러한 예들에서 작용하는 중요한 역량으로 인정하고 다음과 같이 설명한다. "회복탄력성은 …역경·외상·비극·위협들에 직면해서 잘 적응해 가는 과정에서 드러난다. 이는 어려운 경험을 하고 '다시 회복하는 것'을 의미한다." 그리고 회복탄력성은 개인과 그룹 모두에서 드러날 수 있는 역량이다.

의기소침한 제자들이 다락방에 모두 모였다(사도 2장). 예수님께서 돌아가신 지 한 달이 넘은 시점에서, 공동체의 몇몇 사람들이 예수님을 만났다고 보고했다. 그러나 이러한 경험은 어렴풋하고 짧고 희미했다. 이날도 예수님의 부재가 무리를 무겁게 내리누르고 있었다. 예수님께서 불러일으킨 희망은 사라졌다. 자비와 정의로 이루어진 새로운 삶의 방식을 꿈꿨는데 그 꿈이 사라진 것 같았다.

그리스도인들이 성령 강림 대축일에 봉독하는 성경에는, 그다음에 일어난 일들이 신비적인 비유들로 기록되어 있다. 거센 바람이 온 집안을 가득 채우고, 불꽃 모양의 혀들이 참석한 각 사람 위에 내려앉는다. 어리둥절한 가운데, 그들은 희망이 솟아나는 것을 느낀다. 확실히 예수님의 삶과 죽음으로 보여 주신 이상들이 완전히 사라지지는 않았다. 제자들은 다락방에 숨어 있지 않고, 그곳에서 나와 자신들이 체험한 진리를 열정적으로 선포한다. 그리고 그들이 주님의 권능에 힘입어 복음을 선포했기에 언어가 다른 사람들도 이 '기쁜 소식'을 받아들였다. 성령 강림은 교회를 위한 회복탄력성의 중심 축제이다.

회복탄력성의 세 가지 'R'

오늘날 심리학자들은 회복탄력성이 선택된 소수의 사람에게만 부여된 선물이 아니라고 주장한다. 우리는 인간의 영 안에서 슬픈 상처에서 회복되고 고통스러운 좌절에서 다시 원기를 되찾는 능력을 보게 된다. 우리는 치유하고 성장하고 더 강해지는 능력을 보게 될 때마다 매번 놀라게 된다. 회복탄력성은 일찍이 갓난아기의 매혹적인 얼굴에서 나타난다. 부모, 친구, 그리고 다른 돌보는 사람들이 새로 태어난 아기를 보기 위해, 그리고 앞으로 참으로 아름답게 될 아기를 축하하기 위해 주위에 모여든다. 이 갓난아기의 미소와 중얼거림이 우리를 놀라게 하고 헌신하게 한다. 어떻게 이 사랑스러운 아이에게 관심과 주의를 아낌없이 주지 않을 수 있겠는가? 무의식적으로, 그러나 효과적으로 아이는 우리의 관심을 끈다. 그 관심은 아이의 생존을 확실하게 해 주는 약속된 관심이다.

심리학자 로버트 키건Robert Kegan은 "다른 사람의 관심을 끌어낼 수 있는Recruit 천부적으로 주어진 똑같은 능력이 점점 나이가 들면서 차이가 난다. 어떤 사람은 다른 사람들보다 그들에게 관심을 끌게 하는 훨씬 더 큰 능력을 가지고 있다."고 말한다. 주의를 기울여 주는 사람들이 없다면 인간의 삶은 외롭고 위험한 모험이 될 것이다. 다른 사람들의 관심을 끌어내는 이러한 능력이 없다면 개인의 회복탄력성은 발달하지 못할 것이다. 끌어내는 능력(생명 유지에 필수적이며 다른 사람들과 오래 지속되는 유대를 구축할 수 있는 능력)은 회복탄력성의 첫 번째 'R'이다.

두 번째 요소는 재구성Reframing이다. 부상이나 모욕, 상실이라는 어려운 일에 직면하면서 우리는 이러한 고통스런 사건을 부정적인 것으로만 보지 않는다. 우리는 대안렌즈들을 통해 과거를 보면서 삶의 움직임을 새로운 빛 속으로 던져 넣을 수 있는 능력이 있다. 아마 학대와 방임이 이야기의 전부는 아닐 것이다. 다른 기억들(너그러운 돌봄과 세심한 배려에 대한 회상들)이 떠오를 수 있다. 여기서 회복탄력성은 부정적인 경험들을 재해석하도록 도움을 준다. 개인이 겪은 고통의 역사를 재구성하는 이러한 능력이 없다면 회복탄력성은 뿌리를 내리기 어렵다.

회복탄력성의 세 번째 'R'은 결심하기Resolve이다. 심한 상처로 고통을 받지만, 용기와 기개를 계속 드러내는 사람들이 있다. 감옥에서 젊은 시절을 보낸 넬슨 만델라는 국민이 자유를 누릴 수 있는 젊은 국가 건립을 위해 헌신하기로 결심했다. 파키스탄 소녀 말랄라 유사프자이Malala Yousafzai는 암살 시도에서 살아남아 조국에서 여자아이들이 교육을 받을 수 있도록 개혁 운동을 벌이기로 굳게 결심했다. 이러한 놀라운 예들에서 우리는 결심(비록 패배와 상처가 줄곧 쌓였다 하더라도 '필요한 것은 무엇이든' 하려는 결심)으로 자리매김한 회복탄력성을 본다. 결심은 우리로 하여금 목표에 몰두하게 하고, 이상들이 위협을 받으면 기꺼이 저항하고 되받아 싸우며 방어하게 한다.

회복탄력성은 개인의 그리고 공동체의 강점에 쉽게 다가가도록 돕는다. 이런 식으로 우리는 이미 우리 안에 존재하고 있는 자원(새롭게 드러난 인내심과 자신감)에, 그리고 우리가 처한 환경에서 이용할 수 있는 자원(친구들과 동맹국으로부터의 가능한 지원과 격려)에 가까이 다가간다.

회복탄력성은 우리가 직면하는 문제들을 간과하는 안이한 낙관론을 넘어선다. 회복탄력성으로, 고통스런 경험에 우리가 응답하는 자체가 건설적인 요소가 된다. "우리는 자기가 겪는 각각의 부정적인 사건에 대처하려고 한다. 이렇게 함으로써 우리는 자신의 능력에 대해, 그리고 우리의 지지 네트워크에 대해 알아 간다(진정한 친구가 누구인지 알아 간다)."(Benedict Carey) 이러한 실생활에 대한 경험들이 회복탄력성 발달에 아주 중요하다.

회복탄력성에 대한 정의는 아주 많다. 회복탄력성은 "지속되는 정신적 또는 신체적 질환이나 불편함 없이 스트레스에 빠르게 적응하는 능력"[1]이다. 심리학자 리처드 데이비슨Richard Davidson은 "회복력이 있는 사람은 어쨌든 일련의 스트레스가 많은 사건들을 견딜 뿐만 아니라, 그러한 일들로부터 이로움을 얻고 역경을 유익한 것으로 바꾼다."고 말한다.

성인의 회복탄력성에 대한 조짐은 이미 어린 시절에 나타났다. 그리고 예상한 대로, 리처드 데이비슨과 샤론 베글리Sharon Begley는 다음과 같이 보고한다. "억압받고 수줍어하는 아이들은 회복탄력성이 떨어진다. 그들은 익숙하지 않은 환경에 있을 때나 낯선 사람들과 교류하는 것과 같은 스트레스를 주는 상황에서 회복하는 데 더 오래 걸린다. 억압받지 않은 아이들이 회복탄력성을 더 잘 드러내는 경향이 있다. 다시 말해, 그들은 앞에서 언급한 그러한 상황에 침착하게 대처하고, 그들이 거의 알아차리지 못하는 초기 불안에서 빠르게 회복한다."

---

1 Susan Folkman, 「Oxford Handbook of Stress, Health, and Coping」

심리학적인 회복탄력성

야금술에서는 회복탄력성을 압력을 받은 후에 원래 형태로 돌아가는 물체의 능력이라고 말한다. 두들겨지고 적절하게 조절되어 단련된 강철은 구부려지기는 하지만 부러지지는 않는다. 심리학적 측면에서 회복탄력성은 스트레스 상태에서 오랜 기간 잘 해 나갈 수 있는 능력으로 간주한다.

회복탄력성은 어려움에 효과적으로 응답할 수 있는, 계속해서 방해가 되는 장애들을 극복할 수 있는, 부정적인 환경에서 긍정적인 의미를 찾아낼 수 있는 능력 등 개인적인 자원의 역량을 포함한다. 심리학자 재닛 램지Janet Ramsey와 로즈메리 블리즈너Rosemary Blieszne는 회복탄력성을 "불행한 상황을 유익한 것으로 바꾸는 데 필요한 인내력 또는 담력"으로 정의한다. 그들은 심리학적인 회복탄력성을 회복, 저항, 재구성이라는 세 가지 방식으로 표현한다.

회복Recovery은 균형을 다시 이루는 것에 초점을 맞춘다. 의학적으로는 상처에서 점진적으로 치료되는 것을 말한다. 심리학적인 회복을 통해 우리는 상처를 딛고 다시 일어설 수 있고, 고통스러운 경험을 극복할 수 있으며 초기의 안녕 상태로 돌아갈 수 있다.

저항Resistance은 계속되는 위기의 한복판에서 생기는 도전에 효과적으로 대응할 수 있는 능력을 말한다. 여기서 회복탄력성은 위기 시에 계속되는 스트레스를 잘 다룰 수 있게 한다. 이러한 환경에서 회복탄력성은 어려움이 여전히 앞에 놓여 있다는 것을 알면서도 앞으로 계속 나아가도록 헌신하게 한다.

재구성Reconfiguration은 고뇌와 고통의 경험을 개인 성장을 위한 기회로 바꾸도록 돕는다. 저자의 관점으로 보면, "회복탄력성이 있는 사람들 안에서 재구성은 그들이 통제권을 갖고 헌신하게 하고, 자신에게 있는 이전의 특질과 믿음에 도전하게 한다." 여기서 회복탄력성은 트라우마에도 불구하고 긍정적인 변화와 개인적인 성장을 촉진한다.

심리학적인 회복탄력성의 근원

몇 가지 자원들이 심리학적인 회복탄력성에 기여한다. 몇 가지 중요한 자원을 예로 들면 개인의 효능감[2], 사회적 유대감의

---

[2] 과제를 끝마치고 목표에 도달할 수 있는 자신의 능력에 대한 자신의 평가 – 옮긴이 주

경험, 그리고 고난을 겪을 때 긍정적인 감정에로의 접근 등을 들 수 있다. 그리고 회복탄력성이 있는 많은 성인이 영성, 곧 성스러운 것과의 개인적인 연관성에 대한 이해가 중요하다고 말한다.

개인의 효능감은 적극적인 노력을 통해 긍정적인 결과를 가져올 것이라는 확신에 뿌리를 두고 있다. 이러한 개인적인 효능감에 대한 믿음이 없다면 우리는 트라우마와 재앙을 겪을 때 쉽게 주저앉을 수 있다. 우울함이나 절망감으로 심란해하면서, 상황을 개선할 기회를 놓치고 만다. 그리고 힘이 소진되고 희망이 사라지면서, 쉽게 상처를 입게 된다. 그러나 이전에 어려운 환경에서 가치를 찾으려고 애쓰면서 그 노력이 소귀의 성과를 거두었다면, 우리는 쉽게 현재의 어려움에 직면할 수 있는 힘을 얻게 된다. 그리고 과거의 외상에서 긍정적인 변화들을 이룬 기억을 통해 지금 우리는 현재 우리를 괴롭히는 문제들에 더 적절하게 대처할 수 있다.

사회적 유대가 형성될 때 우리는 더 회복탄력적으로 응답할 수 있다. 불행에 직면할 때 공동체의 일원이 되는 것은 개인의 효능감을 높여 준다. '나는 혼자가 아니야. 우리는 이렇게 함께 하고 있잖아!' 집단적인 기억은 과거의 불평거리와 성취된 성공 둘 다의 이미지를 갖고 있으며, 지금 그리고 앞으로 일어나는 행동에 동기를 부여한다. 공동체의 일원이 되는 것은 긍정적인 변화가 아주 느리게 진행될 때라도, 미래에 대한 개인적인 희망을 유지하는 데 도움을 준다. 그리고 공동체는 인간의 창의성에 기여하고, 더 넓은 범위의 자원들을 개인적인 어려움이나 공동체의 고뇌에 직면하는 데 쓰게 한다.

드보라 코샤바Deborah Khoshaba는 헌신, 통제, 도전이라는 세 가지 자원들을 회복탄력성의 발달에 중요한 것으로 본다. 중요한 **헌신**은 우리의 삶을 형성한다. 우리는 우리에게 중요한 사람들과 적극적으로 교류함으로써 긍정적인 정체성을 공들여 만든다(또는 발견한다). 그리고 개인적으로 선택된 가치들을 반영하는 행동을 가다듬는다. 이러한 '내가 누구인지'에 대한 확신에 찬 인식은 삶을 회복탄력적으로 살아가게 한다.

개인의 자기 지배감, 또는 통제감[3]은 우리가 삶의 환경에 영향을 줄 수 있는 행동을 취할 때 나타난다. 초기의 효능감에 대해 경험하는 것은 새로운 어려움이 나타날 때 무기력과 수동성에 그냥 굴복하기보다 새로운 어려움에 직면하도록 자극한다. 여기서 다시 회복탄력성이 강화된다.

---

[3] 자신의 의지와 노력으로 삶을 주도하며 이끌 수 있다는 신념과 적극적인 자제
 – 옮긴이 주

그리고 부정적인 경험들을 도전(패배보다는)으로 볼 때 우리는 효과적으로 대응하기가 더욱 쉬워진다. 어려운 시기에 이러한 평가를 통해 자신의 강점들을 보게 되고 실제로 집중할 수 있는 자원을 갖고 있다는 신념을 더 강하게 갖게 된다. 이러한 자원들은 스트레스로 꽉 찬 경험들을 회복탄력성을 발달시키는 기회로 바꾸어 주면서 개인의 능력을 깨달을 수 있도록 도움을 준다.

회복탄력성의 이야기들

앤드루 솔로몬Andrew Solomon은 수상작受賞作 「The Noonday Demon: An Atlas of Depression」[4] 에서 우울증의 역동성을 탐구했다. 여기서 그는 심각한 우울증으로 완전히 패배한 사람들과 고통을 극복하기 위해 회복탄력성에 다가가는 데 성공한 사람들 사이의 차이를 탐구한다. "어떤 사람들은 가벼운 우울증으로 고통을 받고 그로 인해 완전히 장애자가 된다. 또 어떤 사람들은 심각한 우울증을 겪으면서 어떻게든 자신들의 삶을 위대하게 만든다." "어떤 사람들은 우울증에 굴복하는 것 같고, 또

---

[4] 「한낮의 우울」, 민승남 옮김, 민음사, 2004.

어떤 사람들은 우울증을 이겨 내는 것 같다."

솔로몬은 심각한 우울증을 겪은 자신의 경험에 초점을 맞추면서, 자살을 피하고 마침내 건강을 되찾을 수 있는 길을 찾게 하는 자원들의 정체를 알아내려고 애썼다. 그는 약이나 단순한 의지력 이상의 것이 개입되었다고 주장한다. "거기에는 화학 반응이나 의지보다 더 강한 어떤 것이 있다. 그것은 바로 나 자신의 반란을 통해 얻어진 나이다." 솔로몬은 자신의 불가지론을 인정하면서 이 회복탄력성을 담아낼 이름이나 이미지를 찾는다. "나는 절대 심령술사가 아니며, 종교가 없는 집안에서 자랐다. 그러나 그것은 나의 중심을 관통하여 흐르는, 자기self가 중심에서 벗어날 때에도 원상태로 돌아가려는 점착성의 기질이 있다. 이를 통해서 사는 사람은 누구나 복잡한 마음의 움직임처럼 결코 단순하지 않다는 것을 안다."

뒤이어 나온 책 「Far from the Tree」[5]에서 솔로몬은 자폐 장애부터 다운 증후군과 성 기형에 이르는, 다양한 발달 문제를 가지고 태어난 아이를 돌보는 가족들의 경험을 조사했다. 여기서도 솔로몬은 커다란 역경에 직면했는데도 건강한 아이들과 가족

---

5 「부모와 다른 아이들」, 고기탁 옮김, 열린책들, 2015.

들을 보았다. 그는 이 책에서도 그 자원들 가운데 유머와 희망, 회복탄력성이라는 흥미로운 조합이 있음을 발견했다. "우울증에 빠지지 않고 그것을 헤쳐 나가기 위해서는 확실한 생존 욕구가 있어야 한다. 흔히 유머 감각은 당신이 회복할 것이라는 최고의 지표가 된다. 그것은 또한 사람들이 당신을 사랑할 것이라는 최고의 지표이기도 하다. 그것을 유지해라. 그러면 당신은 희망을 갖게 된다."

생애 초기에 솔로몬은 소설가가 되기를 열망했었다. 사실 그가 첫 번째 출판한 책은 소설이었다. 그러나 그는 개인적으로 겪은 우울증을 통해 자신이 선천적으로 받은 주된 재능이 수필가라는 것을 깨닫게 되었다. 그다음 책이자 가장 큰 영향력을 끼친 책에서 솔로몬은 많은 사람 안에 있는, 그러나 아주 특별하게 자신의 삶 안에 있는 회복탄력성을 추적했다. 솔로몬은 우울증과의 투쟁을 다음과 같이 묘사했다. "나는 내가 결코 믿지 않았던 하느님께 기도했다. 그리고 구해 달라고 청했다."(「Noonday Demon」) 우울증을 극복하는 것은 아주 흔한 성취가 아니라 선물로, 구원으로, 은총으로 경험한다.

솔로몬은 한 친구가 확신을 갖고 표현한 다음의 내용에 의견을 같이한다. "나는 바닥으로 떨어져 하느님 외에는 믿을 것이 아무것도 없었다. 나는 종교에 끌리는 나 자신을 발견하고는 약간 놀랐다. 그러나 그것은 옳았다." 또 다른 동료는 자신이 겪은 우울증과 신비로운 회복탄력성을 이렇게 묘사한다. "그러한 비극적인 질병을 극복했다는 사실은 나의 내면의 지평을 완전히 바꾸어 놓았다. 나는 늘 믿음과 선에 끌렸지만, 건강상의 장애가 없었다면 욕구나 윤리적인 목적도 없었을 것이다." 이 사람에게 있어서 "나의 작품에서 가장 중요한 테마는 구원이다." 솔로몬은 결론을 내린다. "얼마나 많은 종류의 회복탄력성과 강점 그리고 상상력이 드러나는지를 보면서 우리는 우울증의 공포뿐만 아니라, 인간 생명력의 복잡성 또한 이해할 수 있다."

실패를 재구성하기

솔로몬은 부모와의 관계에서 일어난 미묘한 변화들을 통해 자신의 발달하는 회복탄력성을 도표로 만든다. 변화들 안에 공통적으로 나타나는 역동성들을 검토하면서 관계를 재구성하기 시작했다. 좀 더 관대한 견지에서 자주 그들을 괴롭힌 말다툼에 다시 이름을 짓는다. "나는 부모님의 간섭에서 벗어날 피난처가 없다는 것을 깨달았다. 나는 외로움을 통해 그것을 평가하고 사랑이라고 부르는 법을 배웠다." 이 2~3개의 문장에서 솔로몬은 가족의 이야기를 재구성하고 있다. 그는 초기의 이야기(과거에 묘사했던 간섭하는 부모)를 고쳐 이러한 부모의 개입을 진정한 관심으로 다시 이름 짓는다. 이제 시각이 바뀌었고 더 온화한 비전이 떠오른다. "나는 불만을 품고 탐구를 시작했는데, 관대하게 그것을 끝냈다. 나는 나 자신을 이해하기 위해 시작했고 …부모님을 이해하는 것으로 끝냈다. 그들은 늘 사랑으로 나를 용서했다. 나 역시 사랑으로 그들을 용서하게 되었다."(「Far from the Tree」)

재구성은 회복탄력성에 필수적인 요건으로 보인다. 괴로운 상황에 몰입하면서 회복력이 있는 사람들은 과거의 경험과 현재의 괴로움도 재해석하려고 애쓴다. 종종 분쟁과 고통으로 상처를 입은, 삶의 이야기들 안에 있는 한 장면을 되돌아보면서 그들은 더 지지하는 시각으로 사건을 볼 수 있다. 희망과 유머로 그들은 오래된 이야기를 새롭게 이미지화한다.

영성 분야의 저자인 헨리 나웬Henri Nouwen은 종교적 믿음의 핵심에 놓여 있는 모호함을 이렇게 묘사한다. "우리는 자신을 축복받은 존재인 동시에 상처 입은 존재로 경험한다." 흔히 상처(자신의 책임이 있는 실패이든, 우리가 고통을 받는 경멸이든)가 이야기를 지배하게 되며, 우리의 기억을 흐리게 한다. 그러나 회복탄력성을 통해 삶의 축복이 결국 우세하게 된다. 삶에서 모호한 사건들은 새롭게 그리고 이제는 축복으로 기억될 수도 있다. 나웬에게 도전은 "저주의 그림자로부터 상처를 떼어 축복의 빛 아래 놓는 것"이다.

2

개인의 회복탄력성
- 감정의 역할

두려움, 용기, 인내의 상호 작용

2

"우리는 환난도 자랑으로 여깁니다.
우리가 알고 있듯이,
환난은 인내를 자아냅니다."(로마 5,3)

회복탄력성의 낭만적인 비전은 삶의 위험을 침착하게 통과하게 하는 변함없는 자신감으로 그린다. 좀 더 면밀하게 살펴보면, 회복탄력성은 덜 낭만적이지만 더 옹골지다. 회복탄력성은 활기차게 삶에 참여하는 것을 지지하는 감정들(고통스럽고 긍정적인 것 둘 다)과 지속적으로 조율한다. 회복탄력성은 용기로 두려움과 균형을 이루고, 인내로 분노를 완화시키고, 감사의 향기로 슬픔의 큰 파도를 진정시키면서 변덕스러운 느낌에 갑옷을 입힌다.

고통스러운 감정들(분노, 두려움, 불안)은 생존하는 데 도움을 준다. 이러한 부정적인 느낌들은 생명과 존엄성을 지키기 위해 일어서게 하며, 중대한 위협이나 위험에 맞설 때 우리가 민첩하게 대처하게 한다. 긍정적인 감정들(사랑·경이·연민)은 활기를 띠고 일이 잘되게 하는 데 도움을 준다. 이러한 감정들의 자원으로 우리는 삶에서 주어진 축복들을 되새기면서 시야를 넓힌다. 고통스러운 감정들은 생존하는 과정에서 에너지 비축량을 감소시키고 빠르게 우리를 소진시킨다. 우리의 안녕을 위해 긍정적인 감정은 영에게 휴식을 취하게 할 때에도 생기를 새롭게 한다.

분노, 두려움, 죄책감이라는 고통스러운 감정들은 의미 있는 삶에 중요한 역할을 한다. 그러나 그러한 감정이 일어날 때 비싼 대가를 치르고 격해지기도 한다. 그것은 에너지를 소비하게 하고 우리의 자원들을 고갈시키며 완전히 지치게 하기 때문이다. 또한 쉽게 고약한 기분을 확대시키고, 문제들을 더 악화시키는 방식으로 행동하게 하기 때문에 격해지는 것이다. 존엄성을 지켜 주는 화는 만성적인 분노로 급격하게 퍼질 수 있다. 두려움의 초기 경고 체계는 마비시키는 공포증으로 소용돌이칠 수 있다. 선善의 감시자를 뜻하는 죄책감은 모든 행동이나 충동의 잔혹한 재판관으로 반응할 수 있다. 이러한 중요한 감정들이 그들의 적절한 영역 이상으로 퍼져 나갈 때 기쁨·희열·감사의 경험들 위에 그림자를 드리우면서 우리의 세계를 어둡게 한다. 고질적인 것으로 변한 고통스러운 감정들로 무거운 짐을 지게 될 때 우리는 호기심, 공감, 또는 희망을 위해 사용해야 하는 에너지를 소진하게 된다. 이러한 분위기가 회복탄력성을 어렵게 만든다.

긍정적인 느낌들은 주의를 사로잡는 고통스러운 감정들의 영향을 차단시킨다. 치유하는 감정(동정·감사·기쁨·희망)은 부교감신경의 신경 체계를 활성화시키고, 심장 박동과 혈압을 낮추고 혈액 순환을 촉진한다. 정신과 의사 조지 베일런트George Vaillant는 이 두 가지 중요한 자원을 다음과 같이 구별한다. "교감 신경계의 신경 체계는 이화 작용[6]이다. 곧 공격이나 도피 행위는 몸의 자원들을 고갈시킨다. 부교감 신경계의 신경 체계는 동화 작용이다. 믿음·희망·포옹은 몸의 자원을 강화한다." "고통·격노·슬픔은 단기간의 유익을 가져다주고, 긍정적인 감정들은 장기간에 걸쳐 유익을 가져다준다."고 덧붙인다.

단기간의 흥분과 장기간의 감정적 균형 둘 다 회복탄력성에 기여한다. 그래서 긍정적인 감정과 부정적인 감정을 인식할 수

---

[6] 물질대사에서 화학적으로 복잡한 물질을 좀 더 간단한 물질로 분해하는 반응의 총칭. 편의적으로 자유 에너지의 손실을 동반하는 과정을 이화 작용, 그 반대를 동화 작용이라고 한다. - 옮긴이 주

있는 능력이 중요하다. 그리고 각각이 제공하는 에너지와 정보로 유익을 얻는다면 우리는 폭넓은 경험을 더 잘 받아들이게 되고, 스트레스를 받을 때 더 잘 조절할 수 있게 된다. 예를 들어, 친구의 사려 깊지 못한 행동 때문에 화가 나면, 화와 공감 둘 다가 동맹군으로 온다. 화는 잘못된 일을 하고 있다는 것에 경고를 보내고 대책을 찾으려는 우리의 주장을 지원한다. 공감은 우리로 하여금 친구의 관점에 민감하게 하고, 문제를 더 악화시키지 않기 위해 반응을 누그러지게 하는 데 도움을 준다. 이 두 가지 감정을 통해 우리는 더 성공적인 해결책, 곧 우리의 명예와 관계를 손상시키지 않고 유지하게 된다.

더 깊은 차원에서, 우리에게 중요한 것을 잃음을 슬퍼할 때 고통스런 감정과 긍정적인 감정은 종종 함께 일어난다. 친한 사람의 죽음으로 인한 슬픔의 한복판에서 우리는 사랑하는 사람의 관대함과 용기를 기억하거나 함께 나눈 애정과 서로 배려했던 과거를 회상한다. 곧바로 되돌아오는 상실감에 지쳐 있을 때라도 가슴속에 간직된 이러한 기억들은 위로를 가져다준다. 이렇게 회복탄력성은 슬픔과 감사 둘 다를 우리에게 제공한다.

긍정적인 감정들은 회복탄력성을 은밀하게 침식하는 심리적인 고통에서 빠져나오도록 도움을 준다. 낙천주의와 용기, 행복과 희망, 자부심과 감사 등 이러한 감정들이 회복탄력성의 토대를 이룬다. 존 라이히John Reich와 알렉스 자우트라Alex Zautra가 말한 것처럼 "회복탄력성이 활성화된 사람들은 더 높은 사기, 자기-효능감, 자기-신뢰, 불굴의 의지와 삶의 목적이 더 잘 드러난다. 그들은 긍정적인 감정들을 끄집어냄으로써 스스로에게 활력을 불어넣는다."

그래서 심리적인 회복탄력성은 단순히 **되살아나는 것** 이상을 내포한다. 회복탄력성은 역경에 직면해서도 긍정적인 경험들(기쁨·자부심·호기심·평화·활력·애정)에 마음을 열도록 도움을 준다. 이러한 긍정적인 감정들은 우리의 관점을 변화시키고, 새로운 어떤 것을 배우도록 자신을 개방하게 한다.

오늘날 대부분의 심리학자들은 회복탄력성을 단지 몇 가지를 선택할 수 있는 한 개인의 특징으로 보지 않고 변화된 환경에 적응할 수 있는 종種 전체의 능력으로 본다. 조지 베일런트는 회복탄력성을 "인간 유기체 안에 있는 자기-조절 경향들"로 정의한다. 이러한 관점에서 회복탄력성은 행동(학습될 수 있는 사고와 행위)을 강조한다. 규칙적인 훈련을 통해 이러한 공통적인 경향들은 개인의 강점을 지원하는 믿을 수 있는 자원으로 발달할 수 있다.

회복탄력성에 대한 사례 연구: 국회 의원 개브리엘 기퍼즈

2011년 1월 8일 미국 애리조나 출신의 하원의원 개브리엘 기퍼즈Gabrielle Giffords가 투손Tucson에 있는 한 쇼핑센터의 작은 모임에서 연설을 하고 있을 때였다. 한 젊은 남자가 다가와, 느닷없이 그녀의 머리에 총을 쏘았다. 이 무차별적인 공격으로 모여 있던 사람 가운데 여섯 명이 죽었고, 열세 명이 부상을 당했다. 기퍼즈는 총상에 살아남았다. 공격을 받고 3년이 지난 뒤 그녀는 자신의 몸이 어떻게 회복되었고 오늘날 자신의 회복탄력성에 어떻게 동기를 부여했는지 '뉴욕타임스'에서 밝혔다. "많은 사람들이 나를 바라볼 때 대개는 내가 잃어버린 것을 본다. 나는 말하기가 힘들고, 시력은 온전하지 않고, 오른쪽 팔과 다리는 마비되었다. 나는 남부 애리조나를 대표하는, 내가 사랑했던 직업, 의원 자리를 잃었다."

기퍼즈는 부상을 당하기 전에 공공 기관에서 40대의 10년을 보내고 가정을 꾸릴 계획을 갖고 있었다고 말했다. "나는 내가 아끼는 사람들을 위해 투쟁하고 나와 가까운 사람들을 사랑함으로써 세상을 더 좋은 곳으로 만들 수 있다고 생각했다. 그리고 그것으로 충분하다고 생각했다." 대신에 그녀는 말하고, 걷고, 왼손으로 자신의 이름을 서명하는 법을 다시 배우면서 지난 3년을 보냈다. 힘든 치료를 견디어 내면서 그녀는 '내가 더 큰 목적을 수행할 수 있을까?'라는 생각을 했다.

샌디훅Sandy Hook 학교에서 수많은 사람들을 죽음으로 몰아간 2012년 12월 총기 난동 사건이 기퍼즈에게 답을 주었다. "그것은 나에게 충격적이었고, 동시에 동기를 부여했다. 그리고 솔직히 말해, 그것은 내게 길을 제시해 주었다." 여전히 총기를 소유하는 것을 당당하게 생각하는 사람들이 있는 반면, 그녀와 그녀의 남편은 총기 폭력을 줄일 수 있는 법률을 제정하도록 운동을 벌이기로 결심했다. 그녀의 회복탄력성은 이 중대한 대의명분을 위한 그녀의 헌신을 통해서, 그리고 그녀가 새로운 소명을 수행할 수 있도록 그녀에게 힘을 줄 장기간의 치료를 견뎌 내리라는 그녀의 의지를 통해 드러났다.

두려움, 용기, 인내에 균형 유지하기

오늘날 우리가 거주하는 세상은 참으로 위험천만하다. 불행한 사건들(좌절·부상·예치기 못한 상실들)이 우리의 회복탄력성을 시험한다. 그리고 이러한 도전들은 우리의 생존 기술 목록의 중심 자원인 두려움을 불러일으킨다. 자살 폭탄 테러·인종 청소·가정 폭력·전염병 등 두려워할 이유가 충분하다. 매일 일어나는 더 작은 불안들도 우리의 계획을 망치고 삶을 뒤흔든다. 우리 가운데 어떤 사람에게는 걱정이 실제로 독이 되고 주의를 빼앗아 앞으로 나아갈 수 없게 한다. 또 다른 사람들에게는 걱정이 미리 계획하고 준비하도록 재촉한다. 다시 말해, 도전하는 상황에 직면하는 것이 실제로 우리가 염려하는 어떤 것을 해소시켜 줄 거라는 것을 알게 한다.

두려움은 많은 얼굴로 우리를 대면한다. 그러나 두려움이 항상 무엇이 우리에게 해를 끼칠 것인지에 대한 정확한 예보자인 것은 아니다. 우리를 파괴하고 좌절시키는 두려움은 우리가 적절하게 응답하는 것을 방해한다. 그리고 두려움들 가운데 어떤 것은 불합리하며, 지금 우리에게 닥치는 실제 위험보다 과거의 해소되지 않은 부분으로부터 더 많이 일어난다. 초기의 실패나 좌절은 흔적을 남긴다. 나는 이런 경험을 통해 배우기보다는 그냥 두려워하게 된다. 이 두려움으로 인해 미리 나 자신을 방어하게 된다. 미래에 비슷한 상황이 일어날 때 상처 입을 것을 **예상**한다. 그래서 상처를 입기 전인데도 움츠러든다.

용기는 공황이나 절망에 떨어지지 않고 두려움을 마주하는 능력이다. 요세프 피퍼Josef Pieper는 용기의 본질이 "두려움을 전혀 모르는 데 있는 것이 아니라, 두려움에 의해서 악에 점령당하지 않는 데 있다. 다시 말해 두려움에도 불구하고 선을 행하는 데 있다."고 상기시킨다. 위협적인 일을 마주할 때 두려워하는 것은 당연한 것이다. 용기는 두려움을 없애는 것이 아니라 존중과 자제로 그 힘을 장악하는 것이다. 종교 역사학자 리 이어리Lee Yearley의 말에 의하면 "용기는 두려움이나 자만심이 행동하는 데 영향을 미치지 못하게 한다."

용기는 장애에 부딪쳐도 행동할 것이라는 결단을 포함한다. 용기 있는 행동은 여러 가지 형태를 취한다. 개인의 용기는 신체적으로 부상이나 상해를 입는 위험에서 행동할 때 드러난다. 윤리적인 용기는 진정성과 도덕성(통합성)을 지원한다. 예를 들어, 다수의 사람과 다른 의견을 내거나 '권력에 진실을 이야기'함으로써 권위에 맞서려는 의지를 말한다. 심리적인 용기는 자신의 파괴적인 습관들을 마주할 때 또는 사람과 사람 사이의 어려운 갈등을 해소하려고 애쓸 때 요구된다. 연구가 토비아스 그레이트메이어Tobias Gritemeyer는 시민의 용기를 개인적인 위험에 직면했을 때라도 사회 규범들과 정치적 도덕성을 지지하는 용감한 행동으로 본다.

알래스데어 매킨타이어Alasdair MacIntyre는 용기와 돌봄의 관련성에 대해 이야기한다. 우리가 돌보는 사람들이나 소중히 여기는 가치들이 위협받을 때 우리는 그들의 권리를 위하여 일어선다. 매킨타이어의 말에 의하면, 용기란 우리의 관심의 표현으로

"스스로에게 닥칠 피해나 위험을 무릅쓸 수 있는 능력"이다. 가장 보편적인 예는 자발적으로(그리고 용기 있게) 아이들을 보호하기 위해 어떤 적에게나 맞서려는 부모에게서 볼 수 있다. 흔히 돌봄이라는 이 위험스러운 소명에 불을 붙이는 것이 분노이다.

토마스 아퀴나스Thomas Aquinas는 인간 역사의 초기에 용덕은 공격하려는 의지(전사의 공격적인 용기)와 같은 태도를 취한다고 말한다. 그러나 인간 역사의 과정을 거치면서 용기는 '지나치게 슬퍼하는 것을 허용하지 않는' 것으로, 끈기 있는 인내심으로 자주 표현된다. 아퀴나스는 슬픔과 비탄을 삶에서 오는 많은 상실을 마주할 때 오는 피할 수 없는 감정으로 인식한다. 그는 슬픔으로 인해 암울함과 우울함에 빠져들 수 있다는 것을 인정했다. 인내는 이러한 위험스러운 하강에서 우리를 보호한다. 인내는 위협과 의구심에 직면해서도 자신의 헌신을 계속 유지하게 하는 안정된 역량이다. 요세프 피퍼는 "인내는 슬픔 때문에 영이 부서져 그 위대함을 잃을 수 있는 위험에서 인간을 지켜 준다."고 결론짓는다.

용기는 단순히 두려움이 없는 것이 아니다. 우리는 먼저 부상이나 다른 부정적인 결과들에 대한 가능성, 곧 위험을 인식하게 된다. 이러한 평가는 자연스럽게 우리에게 위험하다고 경고해 주는 감정적인 흥분, 곧 두려움을 불러일으킨다. 그다음, 자신이나 다른 사람들이 하는 어떤 반응이 위험을 극복하거나 줄일 수 있는지 곧 행동에 관한 질문이 따라온다. 여기서 두려움이라는 흥분은 개인의 행동을 통해서 또는 지원군들과 함께 응답하도록 우리를 재촉하면서 용기를 지원한다.

용기에 관한 우리의 경험은 특성상 복잡하다. 심리학자들은 이 용기의 강점은 용맹과 통합성 그리고 생명력을 지니고 있다는 것이다. 용맹은 어려움과 고난을 직면할 수 있는 윤리적인 힘이라고 부른다. 통합성은 반대에 부딪히면서도 헌신할 수 있는 우리의 능력을 가리킨다. 생명력은 자신의 가장 깊은 가치들과 접촉할 때 오는 '살아 있다는 것'에 대한 감각이다.

인내로서의 용기

용기는 또한 성경 전반에서 칭송받는 덕목인 인내로 기록된다. 시편은 자주 고통 속에서 인내라는 테마로 돌아온다. "하느님, 당신께서 저희를 시험하시고 은을 단련하듯 저희를 단련하셨습니다. 사람들이 저희 머리 위를 밟고 가게 하시어 저희는 불과 물을 지나야 했습니다. 그러나 당신께서는 저희를 넓은 곳으로 이끌어 내셨습니다."(시편 66,10.12) 적대적인 정권에 대적한 아주 초기의 그리스도인들은 이 덕목으로 서로에게 용기를 북돋았다. 로마 신자들에게 보낸 서간에서 바오로 사도는 반복해서 인내의 덕목으로 돌아온다. "그뿐만 아니라 우리는 환난도 자랑으로 여깁니다. 우리가 알고 있듯이, 환난은 인내를 자아냅니다." (로마 5,3) 그리고 야고보서에서는 다음과 같이 인내를 말한다. "그 인내가 완전한 효력을 내도록 하십시오. 그리하면 모든 면에서 모자람 없이 완전하고 온전한 사람이 될 것입니다."(야고 1,4)

우리 세대는 넬슨 만델라의 생애에서 인내의 드라마틱한 예를 볼 수 있는 특혜를 누리고 있다. 27년간 로벤섬Robben Island에서의 수감 생활에서 살아남은 만델라는 제압당하지도 적개심을 품지도 않는다. 72세의 나이에 감옥에서 풀려난 그는 남아프리카공화국 대통령으로 계속 당선되었다. 그 자리에서 그는 사회적 인종 차별 정책에 종지부를 찍었으며, 그의 조국에 사회적 치유를 가져다준 진실과 화해Truth and Reconciliation의 과정을 시작했다. 만델라의 회복탄력성은 감옥에 있는 동안 그의 삶을 이끌어 온 활기 넘치는 희망을 통해, 또한 그 결과로 얻은 정치적 자유라는 새로운 비전으로 조국을 결속시킨 능력을 통해 드라마틱하게 자리매김했다.

만족이라는 차분한 기분

우리는 회복탄력성의 강점을 역경에 직면하여 발휘하는 인내와 관련지어 생각한다. 또 다른 개인적인 자원인 만족은 지속적인 인내와 같은 감정적인 요구들과 균형을 잡는 데 이바지한다. 만족은 마음의 특별한 기분을 가리킨다. '지금 있는 것'에 감사하며 편하게 쉬는 기쁨이다. 이상과 목표들을 힘들게 추구하면서 이미 우리에게 가능한 선을 음미할 시간을 갖는 것은 온당하다. 우리의 노력이 큰 성공을 거두지 못했다 하더라도 우리가 축하받는 것은 정당한 것이다. 이러한 성취를 인정하는 시간을 가지면서 우리는 만족이라는 치유하는 감정을 만끽한다.

이 기분(부분적으로는 희열이며 부분적으로는 안도감인)은 흔히 어떤 중요한 작업 끝에 일어난다. 만족하게 되면 남의 실패를 고소해 할 유혹을 전혀 받지 않는다. 우리는 이길 수 있는 가능성을 따질 필요가 없다. 대신에, 단순히 삶에서 일어난 것에 감사하며 쉰다. 바버라 프레드릭슨Barbara Fredrickson의 견해에서 보면, 만족하는 사람들은 "순간의 경험 또는 최근의 경험들을 음미하며, 주위에 있는 다른 사람들이나 세상과 하나임을 느끼고, 현재와 최근의 경험들을 전반적인 자기-개념과 세계관과 통합한다." 또한 만족하는 사람들은 "환경과 자신을 통합하며, 그래서 우리의 세계관을 확장시킨다." 결과적으로 그들의 삶은 향상된다. 만족은 우리가 받은 축복들에 초점을 맞출 시간을 갖게 하고, 자진해서 감사할 마음을 갖도록 지원한다. 이러한 방식들로 만족은 우리의 자원을 확장하고 만들어 낸다.

만족을 느끼는 것은 흡족이라는 감정과 유사하다. 두 감정 다 우리에게 바쁜 스케줄을 중단하도록 촉구한다. 막 일어나는 것에서 즐거움을 누리기 위해서이다. **흡족**은 만족에 **충분하다**(라틴어 satis)라는 판단을 더한다. 우리는 곤경에 맞서면서도 잘해 온 일이나 어려운 과제를 완수한 것에 대해 흡족해한다. 이 내적 본능은 우리에게 경보를 알린다. 곧 우리가 삶의 나머지 요구들을 착수하기 전에 이제는 속도를 늦추고, 성취한 것을 인정하며, 이러한 성취감을 즐길 시간이라는 것이다.

마이클 루니그Michael Leunig는 만족을 "고상한 피곤"이라고 불렀는데, 그는 감사할 때 더 만족하게 된다고 말한다. "피곤은 우리의 가장 강력한, 가장 고상하고 유익한 느낌들… 가운데 하나이다. 이는 양심의 중요한 측면으로, 주의를 기울여야 한다. 그렇지 않으면 우리는 생존하지 못할 것이다." 또한 "피곤할 때는 나무와 동물들이 하는 것처럼… 쉬어야 한다. 그러면 분명 즐거움이 따라올 것이다."고 말한다. 자신의 연약함과 개인적인 한계를 존중하는 법을 배울 때 우리는 만족이라는 동반되는 감동에 놀랄 것이다. 여기서도 역시 평생의 회복탄력성이 중요한 역할을 하고 있는 것이다.

3

회복탄력성과 힘의 얼굴

회복탄력성의 기반으로서 개인의 힘

3

"당신의 권능을 깨우시어,
오 주님, 오소서."

이 대림 기도에서 우리는 하느님의 권능을 기원하며 자신을 하느님의 권능에 맡긴다. 그리고 삶의 여정을 통해, 힘이 있다는 우리의 의식은 덕과 자신감 안에서 성숙한다. 회복탄력성은 개인의 힘을 기르는 동시에 반영한다. 또한 성실과 인내가 긍정적인 결과를 낳을 것이라는 기대를 지원한다.

그러나 우리 대부분 자신의 힘에 대한 경험은 무력해질 수 있으며, 특히 분노나 폭력을 통해 표현할 때 그러하다. 우리의 사회적 상상력 역시 힘에 대한 대단히 파괴적인 기억(히로시마를 뒤

덮은 구름, 아우슈비츠의 냄새, 베트남과 아프가니스탄에서 대중 매체에 드러난 전쟁 장면 등)에 의해 손상된다. 힘은 악마처럼 보이며 종종 파괴적이다. 이러한 기억들이 모아질 때 액턴 경Lord Acton의 권력에 대한 부정적인 판단은 신뢰를 얻게 된다. "권력은 타락하는 경향이 있다. 그리고 절대 권력은 절대적으로 타락한다." 그러므로 성숙함과 거룩함은 우리에게 권력과 권력의 타락을 피하라고 분명하게 요구한다. 그러나 우리가 더 안전하고 이상적으로 마음이 온유하고 겸손할 때에도 우리는 권력에 대한 이러한 매우 편협한 관점에 수긍할 수밖에 없다는 것을 깨닫는다. 그런데 권력은 이렇게 극도로 부정적인 측면만 있는가? 권력은 파괴적이다. 그리고 창의적이다. 권력은 악마적이다. 그리고 거룩하다. 우리의 도전은 권력이 그리스도인의 삶에서 하나의 자원으로 이해될 수 있도록 이러한 두 측면을 인정하는 것이다.

히브리어 성경에서 야훼Yahweh는 권능이라는 이름으로 소개된다. 신약 성경의 복음 이야기들은 하느님의 권능을 보여 주는데, 이 권능은 예수님의 도전하는 말씀과 치유하는 행위에서 명확하게 드러난다. 이러한 성경의 자료들을 숙고할 때 우리는 권능에 대해 미묘한 차이가 있는 것을 알 수 있다. 진실하지만 한계가 있는 우리의 감정들이 신뢰할 수 있는 덕으로 성장할 때 이러한 탐구는 자신의 자원을 인정하는 데 도움을 줄 것이다.

개인의 힘은 **자신을 강한 존재**로 인식한다는 것을 암시한다. 곧 다른 사람들과 상호 작용을 하면서 자신이 유능하거나 강압적이라는 것을 발견한다. 사회적인 힘은 우리 **사이에 있는 강점**(그룹의 에너지, 조직의 권위)에 대한 더 폭넓은 경험들과 관련이 있다. 또한 사회적인 힘은 우리 사이의 강점에는 차이점이 있다는 것에 대한 인식을 포함한다. 곧 이 차이점들이 무엇이며 어떻게 이 차이점들을 다룰 수 있는지에 대한 인식을 말한다.

개인이 지닌 힘의 얼굴들

성인인 우리는 힘을 가지고 서로 대면하게 된다. 돌봄, 갈등, 통제 각각은 우리가 서로에게 영향을 주는 힘의 경험이다. 그리고 복잡한 삶 안에서 우리는 다양한 방식으로 우리의 힘을 더 편안하게 표현하라는 요청을 받는다.

영향을 주는 힘
성인으로서 우리는 자주 자신이 행동을 주도하라는, 그리고 다른 사람들에게 영향을 주라는 도전을 받는다. 나의 행동은 다음과 같이 단순하게 보일 수 있다. "나는 다른 사람을 웃게 할 수 있어." "모든 일의 원인 제공자는 나야." 그러나 내가 영향력을 행사하는 것은 좀 더 복잡할 수 있다. 직장에서 새로운 생산 전략을 제안했는데, 그 제안이 진지하게 검토되어 받아들여진다. 또는 우정이 깨지는 상황에서 직접 대면하는 모험을 한다. 그로 인해 우리의 관계는 더 깊은 단계로 들어간다.

영향을 주는 힘은 힘의 가장 직접적인 얼굴이다. 나는 내 행동이 영향을 줄 수 있다는 것을 인정한다. 나는 아이나 수동적인 희생자 그 이상이다. 나는 나의 세계에 영향을 줄 수 있다. 적어도 여러 가지 방식으로 말이다. 이러한 영향에서 돌봄과 속박, 영향력과 강압 사이에 긴장이 있다.

그러나 이러한 가장 단순한 힘조차도 얻는 것이 늘 쉬운 것은 아니다. 다양한 요소들이 이러한 개인의 힘을 무너뜨릴 수 있다. 위압적인 부모가 나의 삶을 지나치게 관리 감독하기 때문에 내게는 개인의 자율성에 대한 감각이 전혀 없다. 나는 보살핌을 받지만, 자신의 세계를 만들어 갈 수 없다. 또는 가난해서 교육을 제대로 받지 못할 수도 있다. 너무 약해서, 너무 무능해서 다른 사람들에게 영향을 줄 수 없다. 나는 자신을 희생자로 보도록 조장하는 환경에서 아마 자기-파괴적인 폭력 행동 외에는 다른 사람에게 강한 힘을 행사할 수가 없다.

영향을 주는 힘을 경험함으로써 나는 내가 내 삶의 주체자라는 것과 환경에 영향을 줄 수 있는 자원을 가지고 있다는 것을 알게 된다. 나의 강점은 단순히 내 안에 '자리 잡고 있는' 것이 아니다. 그것은 나를 뛰어넘어 사람들과 사건에 영향을 준다. 나는 영향을 미칠 만큼 충분히 강하다.

나 자신의 자율성과 적합성에 대한 이러한 기본적인 인식은 내게 있는 특별한 능력에 대한 평가로 이어진다. 나는 어떤 것을 잘한다. 예를 들어, 어떤 기술을 갖고 있고, 어려운 과제를 완수하고, 프로젝트를 완성할 수 있다. 이러한 각각의 것을 통해 나 자신을 나와 다른 사람들이 의존할 수 있는 자원을 갖고 있는 존재로 인식할 수 있다. 이러한 효능감은 성인의 삶에, 곧 사랑과 일에 있어서 책임을 질 수 있다는 자신감을 길러 준다. 나는 더 회복탄력적이 된다.

지배하는 힘

또한 회복탄력적인 사람은 책임을 질 수 있다. 매일의 삶에 따르는 책임들 가운데 많은 것들이 이러한 종류의 힘을 요구한다. 예를 들어 성당 협의회에서 봉사하기, 십대 아이를 훈육하기, 생산 팀을 감독하기, 불량품을 반환하기 등 이러한 것들은 내가 다른 사람들에게 내리는 지시 사항에 대한 가능성과 적법성에 있어서 자신감이 전혀 없다면 어려운 일이다.

그러나 **지배하는 힘**은 종종 무력을 암시한다는 것과 교묘한 조작들을 숨기고 있다는 의심을 불러일으킨다. 우리를 겁먹게 하고 지배하기 위해 힘을 사용하여 약한 사람들을 못살게 구는 가해 집단이나 상사들에 대한 기억을 떠올리게 하는 것이 아마 '지배하는'이라는 단어일 것이다. 그런데 우리 가운데 많은 사람에게는 스스로 힘을 발휘하는 영역으로 편안하게 들어갈 수 있기 전에 치유되어야 할 오래된 상처들이 있다.

예를 들어, 그룹에서 리더가 되기 위해서 나는 나 자신을 능가하는 에너지를 만들고 모을 수 있어야 한다. 가족을 돌보는 것 역시 충돌하는 다양한 에너지들의 협력과 통제를 요구한다. 감독의 어떤 역할(현장 주임, 선생, 멘토로서의)을 통해 나는 **지배하는 힘**을 분명히 행사할 수 있어야 한다. 이러한 영향력을 행사하지 못한다면 집단생활 가운데 많은 것들이 비효율적으로 될 것이다. 결정들은 이행되지 않고 자원들은 낭비되며 에너지는 소모된다. 우리 대부분은 이러한 사회적인 힘을 행사하는 것이 중요하다는 것을 인식하고 있지만, 우리는 그렇게 하는 것을 여전히 편안해하지 않는다. **지배하는 힘**에 관한 우리의 상반된 감정은 협력과 통제라는 두 가지 기능을 둘러싸고 있는 아주 다른 이미지와 느낌 안에서 분명해진다.

협력이라는 단어는 무용단의 이미지를 떠오르게 한다. 우리는 한 무리의 무용수들이 어우러져 능숙하게 협력하며 펼치는 연기를 통해서 감동을 받고 희열을 느낀다. 협력을 통해 우리는 기품 있는 노력으로 하나가 된, 본질적으로 다른 별개의 힘들의 조화를 본다.

그러나 통제는 꽉 잡은 팔, 우리의 자유를 제한하는 규칙 등 좋지 않은 이미지들을 불러일으킨다. 겉으로 보기에 힘이 들지 않는 것 같은 운동선수들의 협력은 반복해서 훈

3장 회복탄력성과 힘의 얼굴

련된 동작을 연습하는 이례적인 통제가 있을 때만 가능하다는 것을 기억하는 것이 도움이 된다. 무용수와 운동선수들은 지루하게 반복하며 통제를 받는데, 공연이 시작되기 전까지 계속된다. 그것은 공연을 성공적으로 끝내는 데 있어서 확실한 지원군이다.

통제는 여전히 그럴싸한 이유로 의심스러운 힘을 행사한다. 최근의 사회적 기억[7]에서 통제는 자주 강제적이고 강압적으로 행사되어 왔다. 지도자 자리는 때때로 공동선보다는 개인의 유익을 추구하는 데 이용되고 있다. 이러한 예들에서 **지배하는 힘**은 그것이 지향하는 공동의 목표와 상호 책임이라는 미묘한 차이를 놓치고 만다. 여기서 힘은 조작하기 위한 가면이 된다.

통제를 하는 것이 늘 조작하는 것은 아니라는 것을 자신

---

[7] 다양한 사회적 실천들에 의해 기억이 변화되고 재구성될 수 있음을 강조하는 개념이다. – 옮긴이 주

에게 상기시키기 위해 우리는 오케스트라의 지휘자와 연극 감독의 힘을 떠올릴 수 있다. 각각의 역할은 그룹의 에너지에 집중하고, 다양한 자원들을 유기적인 통일체에 쏟을 수 있는 힘을 요구한다. 성공하는 그룹에 있어서 지도자는 통제권을 가져야 한다. 그러나 지도자의 통제는 배경으로 존재한다. 지휘자와 연주자들은 악보에 책임이 있다. 공동으로 노력하는 목표는 지도자의 통제가 평가받는 기준이 된다. **지배하는 힘**이 이러한 방식으로 공동의 목표를 위해, 그리고 상호 책임이라는 맥락에서 행사될 때 우리는 조작이라는 유혹에 저항할 수 있다. 회복탄력성(개인의 그리고 공동의)은 흔히 이러한 힘을 사용할 때 오는 열매이다.

대항하는 힘

많은 사람들에게 똑같이 힘든, 세 번째 힘의 형태는 **대항하는** 자세를 취하는 것이다. 여기서 힘은 투쟁과 반대, 심지어 대립이라는 전투적인 자세로 간주된다. 내가 마주하는 사람들 또는 환경과 장애물에 의해 도전을 받을 때 여기서 나의 힘을 경험한다. 여기서 내가 그 도전에 적절하게 대처할 수 있을지, 곧 외부의 힘에 맞서서 내 자신의 힘이 승리할 것인지가 문제가 된다.

이러한 힘의 경험은 경쟁하는 시합의 일부분인데, 그곳에서 나는 나의 강점과 기술로 적에게 대항한다. 여기서 승리하는 것, 곧 나의 힘이 우세하다는 것이 내게 중요하다. 그러나 시합을 잘하는 법을 배우면서 나는 이기는 것이 시합이 주는 유일한 유익이 아니라는 것을 깨닫게 된다. 시합 그 자체에서 오는 흥분과 나의 강점을 시험해 볼 수 있는, 그리고 나의 기술을 더 발전시킬 수 있는 기회가 주어지는 것이다. 내가 굴욕을 당하지 않고도 질 수 있는, 수치를 당하지 않고도 패배할 수 있는 성숙한 가르침도 있다. 종종 시합하는 사람들의 서로에 대한 동료 의식은 게임이 주는 최고의 혜택이며, 시합 자체가 갖고 있는 일종의 우정과 친밀함을 제공한다.

이렇게 될 때 시합은 그 자체로 회복탄력성의 일부분이 된다. 개인의 힘이라는 이 자원은 경쟁적인 스포츠에서뿐만 아니라 경쟁 운동, 대립, 갈등 속에서도 성인의 책임감을 훈련하는 한 부분으로 훨씬 더 많은 기여를 한다.

부부의 충돌, 부모와 10대 자녀 사이의 갈등, 성당에 있는 그룹들 사이의 적대감 등은 정상적이며 예상된 역동성이다. 이러한 갈등은 적대감과 미움으로 확대될 수 있다. 이것은 우리의 **대항하는 힘**에 대한 두려움의 한 부분이다. 그러나 갈등은 꼭 파괴적이지만은 않다. 공동생활에서 이러한 힘 있는 역동성은 그것이 지닌 에너지를 선하게 사용하고, 우리 사이에 영향력을 재분배하고, 서로에 대한 헌신을 회복시키고 미래를 위한 새로운 대안을 제시하는 방식으로 이용될 수 있다.

이러한 경쟁과 갈등의 역동성을 성숙하게 다루기 위해서 힘 있는 존재로 자신을 경험하는 것을 어느 정도 편안하게 느껴야 한다. 나는 다른 사람의 힘에 맞서고, 살아남을 정도로 충분히 강하다는 것을 알아야 한다. 나는 나의 분노를 다루고, 자기-유익을 조정할 수 있다는 것을 신뢰하면서 자신의 힘에 편안해야 한다. 이러한 확신은 다른 힘 있는 성인들이 있는 사회 영역으로 들어갈 때 나의 회복탄력성을 지원한다.

어떤 것을 위한 힘

또한 '나는 다른 사람들을 위해서 강해진다.'라는 자각을 통해 개인의 힘을 의식하게 된다. 성인기의 많은 책임이 이러한 특별한 종류의 강점을 요구한다. 함께 일하는 동료로서 팀의 과제에 나의 달란트를 보탠다. 부모로서 아이들을 돌보기 위해 나의 자원들을 모은다. 그룹의 리더로서 공동 목표들을 추진하기 위해 영향력을 행사한다. 영향을 주고 효과를 낼 수 있는 나의 능력은 외부로 초점이 모아진다. 나 자신과 나의 자원을 다른 누군가의 유익을 위해 사용하는 것이다.

이 힘은 양육에서 가장 좋은 상태로 표현된다. 나는 새로운 어떤 것(우리 아이, 공동 프로젝트, 또는 공동의 꿈)을 만들어 내는 데 참여할 만큼 충분히 힘이 있다. 이러한 창의적인 행동 외에 나의 힘을 돌보는 데, 창의적인 방식으로 새로운 생명을 부양하는 데 사용할 수 있다. 물론 여기서 중요한 차이점은 **창의적인 방식으로** 한다는 데 있다. 양육의 도전은 아이들이 나에게 더 의존하도록 하기보다는, 오히려 그들에게 권한을 주는 방식으로 다른 사람들을 위해 나의 힘을 사용하는 것이다.

 그들이 장차 되어야만 하는 '최고의 이상'이라고 내가 생각하는 대로 아이들이 되도록 강요하는 것이 아니라, 그들이 타고난 대로 성장하도록 양육하며 아이들을 뒷바라지하는 것이 부모에게 얼마나 어려운 것인지 우리는 알고 있다. 이 과업은 사업 매니저, 심리 상담자, 사목자에게도 그야말로 힘든 것이다. 우리는 다른 사람들을 위해 우리의 힘을 사용하도록 과업이 주어진다. 우리는 '그들을 위해서' 우리의 힘을 사용하는 데에서 오는 애매모호함을 만나게 된다. 여기서 우리는 돌봄과 강제 사이의 긴장을 마주하게 된다.

 성인들 사이의 성숙한 관계는 상호 관계로 특징지어진다. 공정한 평등이 필요하지도 가능하지도 않은 곳에서도 그러하다. 우리는 지성, 신체적인 강점, 사교적인 예의, 그리고 다른 능력에서 완전히 다르다. 상호 관계의 도전은 서로의 강점과 약점에 교감할 수 있도록 우리를 초대한다. 따라서 **어떤 것을 위한 힘**은 성인이 성숙하는 데 여전히 중요한 자원이다. '당신에게 가장 유익한 것이 무엇인지 당신보다 내가 더 잘 안다.'는 식의 오만을 알아챌 수 있을 때 생성력이 있는 돌봄의 힘이 생길 수 있다. 이러한 개인적인 회복탄력성의 요소들은 양육하는 책임에서 아주 중요하다. 또한 종교 지도력에 있어서도 중요하다.

함께하는 힘

회복탄력성이 있는 사람들은 '우리는 함께할 때 강해져요.'라는 신념을 받아들인다. 내가 이용할 수 있는 상호 의존의 혜택들 때문에 나는 무엇보다도 **다른 사람에게 의지할 수 있어야** 한다. 의존할 수 있는 이러한 능력은 대부분의 미국 사람들이 두려워하는 일종의 **의존성**(종속 관계; 내게 필요한 것을 충족할 수 없어 자신의 필요를 스스로 해결하지 못하고 다른 사람의 자비에 자신을 맡기는 것)이 아니다. 자신의 욕구를 채우기 위하여 주위에 있는 사람들을 특징적으로 이용하는 사람 안에서 심리 치료사가 보는 그런 의존성은 아니다.

　오히려 그것은 의존의 힘이다. 즉 '나는 다른 사람들의 힘에 마음을 열고 도움을 받을 정도로 충분히 강하다.'는 뜻이다. 나 자신이 강하다는 것을 알기 때문에 나는 나의

의 힘을 사용하는 것이다.

그들이 장차 되어야만 하는 '최고의 이상'이라고 내가 생각하는 대로 아이들이 되도록 강요하는 것이 아니라, 그들이 타고난 대로 성장하도록 양육하며 아이들을 뒷바라지하는 것이 부모에게 얼마나 어려운 것인지 우리는 알고 있다. 이 과업은 사업 매니저, 심리 상담자, 사목자에게도 그야말로 힘든 것이다. 우리는 다른 사람들을 위해 우리의 힘을 사용하도록 과업이 주어진다. 우리는 '그들을 위해서' 우리의 힘을 사용하는 데에서 오는 애매모호함을 만나게 된다. 여기서 우리는 돌봄과 강제 사이의 긴장을 마주하게 된다.

성인들 사이의 성숙한 관계는 상호 관계로 특징지어진다. 공정한 평등이 필요하지도 가능하지도 않은 곳에서도 그러하다. 우리는 지성, 신체적인 강점, 사교적인 예의, 그리고 다른 능력에서 완전히 다르다. 상호 관계의 도전은 서로의 강점과 약점에 교감할 수 있도록 우리를 초대한다. 따라서 **어떤 것을 위한 힘**은 성인이 성숙하는 데 여전히 중요한 자원이다. '당신에게 가장 유익한 것이 무엇인지 당신보다 내가 더 잘 안다.'는 식의 오만을 알아챌 수 있을 때 생성력이 있는 돌봄의 힘이 생길 수 있다. 이러한 개인적인 회복탄력성의 요소들은 양육하는 책임에서 아주 중요하다. 또한 종교 지도력에 있어서도 중요하다.

함께하는 힘

회복탄력성이 있는 사람들은 '우리는 함께할 때 강해져요.'라는 신념을 받아들인다. 내가 이용할 수 있는 상호 의존의 혜택들 때문에 나는 무엇보다도 **다른 사람에게 의지할 수 있어야** 한다. 의존할 수 있는 이러한 능력은 대부분의 미국 사람들이 두려워하는 일종의 **의존성**(종속 관계; 내게 필요한 것을 충족할 수 없어 자신의 필요를 스스로 해결하지 못하고 다른 사람의 자비에 자신을 맡기는 것)이 아니다. 자신의 욕구를 채우기 위하여 주위에 있는 사람들을 특징적으로 이용하는 사람 안에서 심리 치료사가 보는 그런 의존성은 아니다.

　오히려 그것은 의존의 힘이다. 즉 '나는 다른 사람들의 힘에 마음을 열고 도움을 받을 정도로 충분히 강하다.'는 뜻이다. 나 자신이 강하다는 것을 알기 때문에 나는 나의 약점을 자신뿐만 아니라 다른 사람에게도 드러낼 수 있다. 나의 약점이 나의 강점보다 더 크지 않다. 그래서 나는 나의 한계를 감추기 위해 끝없이 헛된 노력을 하느라 에너지를 소모할 필요가 없다. 나는 자기-방어를 함으로써 나의 강점을 격감시킬 필요가 없다.

이러한 **함께하는 힘**에 대한 의식은 사랑과 협력을 통해 경험될 수 있다. 우리는 함께 풀어 가야 하는 공동 과제에 다른 자원들을 가져올 것을 서로에게 기대한다. 우리는 각자가 가진 한계를 보충하기 위해 서로의 강점에 의존한다. 그리고 이를 뛰어넘어 우리가 함께할 때 원래 우리 것이던 것을 뛰어넘어 이용할 수 있는 힘이 생긴다. 이러한 공유된 힘의 자원들이 우리의 회복탄력성을 지원한다.

힘과 약점

개인의 회복탄력성에 대해 진지한 토론을 할 때 중요한 것은 힘(강점)과 약점 모두를 인정해야 한다는 것이다. 성인기의 삶은 단순히 무기력에서 벗어나 자신을 강함으로 이끄는 것이 아니다. 성숙하기 위해서는 자신을 약함과 강함 둘 다를 가진 존재로 돌보아야 한다.

  약함 안에 있는 강함의 이미지는 그리스도인들에게 낯선 것이 아니다. 복음서들은 강함과 실패의 이야기를 전한다. 하느님의 통치를 따르도록 우리를 부르시는 예수님의 힘은 죽음에서 자신을 보호하지 못한 예수님의 무능력에 의해 손상되지 않았다. "그리스도께서는 약한 모습으로 십자가에 못 박히셨지만, 이제는 하느님의 힘으로 살아 계십니다."(2코린 13,4)

  바오로 사도의 서간들은 특별한 열정으로 그리스도인의 삶에 있는 힘과 약함의 역설을 탐구하고 경축한다. 코린토 신자들에게 보낸 둘째 서간 끝부분에서 바오로 사도는 개인적인 어려움을 드러낸다. 참으로 강하고 확신에 찬 사도가 '몸의 가시'로 괴로움을 당했다. 너무 힘들고 굴욕감을 갖게 된 바오로 사도는 삶에서 이 고통을 없애 달라고 하느님께 청했다. 그러나 그의 약함은 사라지지 않았다. 오래 지속되는 가시를 통해 바오로 사도는 하느님의 응답을 깨닫는다. "나의 힘은 약한 데에서 완전히 드러난다."(12,9) '나의 힘이 너의 약함을 이겨 낼 것이다.'도 아니고, '나의 힘은 약함과 관련이 없는 것'도 아니다. "나의 힘은 약함 가운데 완전히 드러난다." 이 거룩한 응답이 바오로 사도가 코린토 신자들을 향해 다음과 같이 선포하도록 이끌었다. "나는 그리스도를 위해서라면 약함도 …달갑게 여깁니다. 내가 약할 때에 오히려 강하기 때문입니다."(12,10)

약함이 달갑지 않지만 우리는 적어도 그 약함을 통해 하느님께서 역사하신다는 것을 확신할 수 있다. 우리는 종종 자신의 능력으로 일을 성취하고 감사를 드린다. 그리고 가끔은 우리의 능력이 우리의 기대를 저버린다. 우리는 어떤 도전이나 문제에 대응할 만큼 충분히 강하지 않지만, 실패에도 불구하고 문제나 도전에 맞선다. 또한 하느님께서는 우리의 한계를 모른 척하지 않으신다. 아주 빈번하게 하느님의 은총 가득한 결실들이 우리의 약함을 통해 곧바로 드러나는 것 같다.

우리는 아주 서서히 그리스도인의 힘의 역설을 이해한다. 우리는 강해지고 덕을 쌓아 가야 한다. 그와 동시에 우리는 하느님께서 그냥 두는 편이 좋다고 생각하신, 오래 지속되는 약함과 친해지도록 불림을 받았다. 하느님께서는 이 약함을 통해 기꺼이 역사하신다. 은혜로운 회복탄력성은 따라올 것이다.

4

사회적 회복탄력성
- 위기와 적응성

안아 주는 환경—충실성과 유연성

4

"사회적 회복탄력성은 관계를 증진하고,
몰두하고, 유지할 수 있는 능력이며
삶의 스트레스 요인들과 사회적 소외를
견디어 내고 회복하는 능력이다."[8]

회복탄력성은 삶의 다양한 관계들 안에서 시험되고 정제되는 개인의 능력이다. 회복탄력성은 자율성 그 이상의 의미를 내포하고 있다. 곧 이 자원은 다른 사람들에게서 소외된다면 존속하

---

[8] Janet Ramsey and Rosemary Blieszner, 「Spiritual Resiliency and Aging」 (영적 회복탄력성과 노화)

지도 성장하지도 못한다는 것이다. 사회적 회복탄력성이라는 용어는 이러한 관계 차원을 강조한다. 관계는 개인이 지닌 회복탄력성의 유연한 힘이 연마되고 시험을 받는 영역이다.

사회적 회복탄력성의 자원은 아동 심리학자 위니콧D. W. Winnicott이 "안아 주는 환경"으로 묘사한 초기 양육 경험에 뿌리를 둔다. 위니콧은 그의 연구실에서 장난감을 가지고 혼자 놀고 있는 아이의 행동을 관찰했다. 어머니는 놀고 있는 아이를 볼 수는 있지만, 아이와 신체적으로 직접 접촉하지도 이야기를 주고받지도 않으며 방 한쪽 구석에 가만히 앉아 있었다. 그러나 이런 친숙하지 않은 연구실에서 부모와 직접적인 접촉이 차단된 아이는 어떤 위험에 노출되거나 고통을 느끼지 않았다. 위니콧은 이 배경을 "안아 주는 환경"이라고 했는데, 이곳에서 아이는 보호해 주는 부모가 옆에 없을 때도 안전함을 느끼는 법을 배운다. 이러한 독립을 위한 **가상훈련**은 아이에게 더 폭넓게 삶에 참여할 수 있도록 힘을 실어 준다. 여기서 자기주장과 자신감이라는 자원이 회복탄력성의 기본 구성 요소들이다.

우리는 학교에서 이와 유사한 안아 주는 환경을 제공받는다. 지원하는 환경을 마음속 깊이 새기고 사려 깊은 선생님들에게 지도를 받으면서, 정보와 기술들을 모으고 나누는 과제를 시작한다. 이러한 환경에서 학생으로서의 새로운 정체성을 실험하며, 우리의 재치와 회복탄력성을 측정한다. 그리고 우리 대부분에게 종교적 소속감이 비슷한 것을 제공한다. 신앙 공동체의 지지하는 분위기 속에서 우리는 용기 있는 선조들(우리 조상들의 믿음)의 이야기를 듣고 이 공동체의 집단적인 힘을 구체화하는 전례들을 반복한다. 이러한 모임(교육·종교·시민의)을 통해서 우리가 다른 사람들의 회복탄력성에 계속 의존하고 있을 때에도 우리는 이 삶이 제공하는 도전들을 더 잘 직면하게 된다.

우리 가운데 어떤 사람들에게는 학대와 중독에서 회복하도록 지원하는 프로그램들이 '안아 주는' 중요한 환경이 된다. '안아 주는' 소규모 집단 안에서 다른 사람들의 지지에 의존하면서 이전에 상처 입은 사람들은 자신의 삶을 책임질 수 있게 된다. 그리고 이러한 힘든 삶의 여정에서 체험한 회복탄력성의 이야기들을 간증하면서 우리 모두는 더 강하게 성장할 것이다.

또 다른 사람들에게는 심리 상담자나 영적 지도자와 함께하는 시간이 삶의 여정을 탐구할 수 있는 안전한 환경을 제공한다. 안전한 환경에서 많은 사람의 도움으로 우리는 종종 자신의 자원들을 더 확실하게 인식하게 된다. 그들의 격려와 안내는 더 큰 자유와 회복탄력성을 가지고 살아가려는 우리의 노력을 지지한다.

중세 그리스도교에서 교회는 자주 고통받는 사람들의 피난처가 되는 보호 구역의 역할을 했다. 오늘날 많은 장소들(알코올 중독자 모임, 상담실, 기도 모임)이 보호 구역(평상시의 침착함이나 냉철함이 더 필요 없는 특혜받은 장소) 역할을 할 수 있다. 우리 가운데 많은 사람이 이러한 안전한 피난처에서 회복탄력성을 되찾는 작업을 시작한다. 우리가 아동기의 다양한 무대를 거쳐 청소년기와 성인기의 삶으로 이동하면서 이 대본은 계속해서 상연된다. 그리고 이후의 삶에서 우리의 회복탄력성은 주로 돌봄과 자비로 우리를 감싸 주고 있는 공동체로부터 지속해서 받는 지지와 긍정에 따라 결정될 것이다.

두 척의 난파선: 회복탄력성에 대한 비유

1864년 폭풍우에 난파된 두 척의 배가 사람이 지내기 어려운 섬의 각기 다른 쪽 해안으로 떠내려왔다. 그곳에서 각 배의 사람들은 서로의 존재를 알지 못한 채 한 해를 보냈다. 한쪽 배의 선원들은 '과거부터 내려온 격식을 거부하면서 집단이 봉착한 문제의 해결책을 마련했다.' 그들은 음식과 물을 찾기 위해 함께 일했고 머무를 집을 지었으며 마침내 그들을 안전하게 실어 나를 작은 배를 만들었다. 다른 쪽 배의 선원들은 '공해상에서 그들에게 큰 도움이 되었던 형식적인 지배 구조를 그대로 유지했다.' 그들은 그 섬에서 서로 싸우며 갈라졌고, 그 결과 19명 중

16명이 추위와 배고픔으로 목숨을 잃고, 3명의 생존자만이 구사일생으로 구조되었다.

이 이야기는 사회적 회복탄력성의 독특한 특징을 분명하게 보여 준다. 예상하지 못한 위기를 겪고 극복하기 위해서는 전통적인 수행 방식을 과감하게 버릴 수 있는 유연성이 필요하다. 위의 이야기에서 성공한 선원들의 예처럼 그룹의 생존을 위해서는 때때로 '평상시의 사고방식에서 벗어나는 것'이 필요하다.

기관과 조직들은 공동의 이상을 추구하면서 이미 익숙해져 있는 패턴에 대한 구성원들의 헌신에 상당히 의존한다. 따라서 충실성은 사회생활에서 중심 덕목의 역할을 한다. 그러나 위기 시에는 새로운 요구들이 이미 형성된 패턴에 도전한다. 전통적인 행동 패턴을 뛰어넘어 새로운 가능성들이 제기된다. 그러한 힘든 환경에 직면할 때 충실성은 어디에 서 있는가? 가톨릭교회와 같은 종교 기관에서 충실성은 종종 공유된 이상에 대해 합의한 것을 지키는 것이라고 할 수 있다. 스트레스를 받을 때 기관의 지도자들은 종종 단계적으로 확대된 충실성에 철저하게 순종하려는 유혹을 받는다. 이 움직임은 '이것이 바로 여기서 우리가 하는 방식이야.'에서 '이것은 우리가 늘 해 오던 방식이야.'까지, 그리고 마침내는 '이것이 이 그룹을 위한 하느님의 영원한 뜻이야.'라는 곳까지 간다. 중요한 사회적 변화의 시기에 조직이 이

전 방식들에 대해 더 충실하라고 요구하는 것은 성경적 도전으로 도전을 받을 것이다. "보라, 예전에 알려 준 일들은 이루어졌고 새로 일어날 일들은 이제 내가 알려 준다. 싹이 트기도 전에 내가 너희에게 들려준다."(이사 42,9)

로베르토 웅거Roberto Unger는 모든 조직 안에는 익숙한 행동 패턴에 대한 충성심과 그것이 더는 제 역할을 하지 못할 때 친숙한 패턴을 깨라고 요구하는 적응성[9] 사이에 긴장이 있다고 말한다. 웅거는 반복과 새로움 사이의 긴장 상태에 있는 이러한 조직의 도전을 정확히 포착한다. (시간을 두고 시험된 절차를) 반복할 때 우리가 아직도 어떻게 해야 하는지를 알지 못하기 때문에 에너지와 시간이 필요하다. 중요한 변화나 위기의 시기에 집단은 익숙한 방식을 반복하는 것을 뛰어넘으라는 도전을 받게 될 것이다. 웅거는 말한다. 대변혁의 시기에 "적어도 규칙들을 만들고 난 후에야 마음이 만들어 낼 수 있는 규칙에 따라 그것이 전에 결코 만들지 못했던 조치들을 취할 수 있어야 한다. 다른 말로 그것은 스스로 반복하지 않을 수 있어야 한다." 문화 변화

---

[9] 개작할 수 있는 능력; 상황적·발달적 요구에 반응하여 권력과 역할 구조, 관계성과 규칙을 변화시키는 능력 - 옮긴이 주

시기의 가장 힘든 부분에서 집단은 전통적인 방식들에 대한 충성심과 잘 다듬어지고 가장 친숙한 응답들을 '반복하지 않으면서' 집단의 가장 심오한 이상을 추구하라는 도전 사이의 긴장을 경험한다.

한 예(例)가 웅거의 통찰력을 보강한다. 가톨릭 수녀들의 수도자 연합회는 미래를 계획하고 새로운 지도자를 선출하기 위해 지난 세기 동안 5년마다 그들의 본원에서 모임을 가져왔다. 아프리카에서의 선교 소임이 늘어나고 있을 때에도 과거 수십 년에 걸쳐 소수의 새 회원들이 총회에 참석하기 위해 미국으로 건너왔다. 전통적으로 총회 지도자들의 중요한 모임은 거의 모두 미국에서 개최되었다. 최근에 그리고 처음으로, 이 정규적인 국제 모임이 우간다에서 소집되었다. 몇몇 미국 회원들은 급진적인 변화에 반대했다. 그들은 많은 지도자가 먼 곳까지 가기 위해 소요되는 엄청난 항공 요금을 부담스러워했다. 그리고 부가적으로 이곳(우간다)에서 모임을 갖는 것은 중요한 전통을 깨는 것이었다. 그러나 그들이 처한 상황의 중대성을 인식한 대다수가 개최 장소에 대한 변경에 찬성투표를 하여 그들의 총회가 '되풀이되지 않을 수도' 있다는 것을 알게 되었다. 이러한 대담한 움직임을 통해 집단은 그 자신의 회복탄력성을 보여 주었다.

그리고 나서 웅거는 그룹의 '체제'라는 어휘를 쓰기 시작한다.

"우리의 활동은 두 부류로 나누어진다. 어떤 활동은 우리가 당연한 것으로 여기는 조직과 믿음의 체제 안에서 움직인다. 한계에 다다를 때까지 체제는 도전을 받지 않고 눈에 보이지 않은 채 남아 있다." 여기서 충실성은 애매모호하지 않아 어떤 문제 제기도 없이 '늘 해 왔던 방식'을 고수하면서 표현된다. 웅거는 이러한 행동을 "배경-보존 활동"이라고 언급한다.

그러나 조직의 지도자들에게 체제 그 자체에 관해 심사숙고해서 결정하라고 요구하는 때가 올 수 있다. 여기서 우리는 웅거가 "배경-변화 활동"이라고 부르는 것을 시작한다. 이제 충실성은 더 복잡하게 된다. 우리의 이상을 추구해 온 전통적인 방식들에 대한 충실성과 새로운 요구에 대한 창의적인 응답은 어떻게 균형을 이룰 것인가? 웅거는 "우리는 위기가 있을 때(바꾸어 말하면, 기존의 구조가 문제에 대해 미리 준비된 해결책을 주지 못할 때)만 진정으로 현재의 생각과 방식들이 한계에 부딪혔다고 말한다. 오직 그럴 때만 사고방식에 대한 대안들의 연구가 시작된다." 회복탄력성이 가장 많이 시험되는 것이 바로 이 시점이다.

다시 한 예例가 웅거의 통찰력을 자세히 설명해 준다. 가톨릭 수도회는 오랜 역사에 걸쳐 그 회원들로 배치된 교육 기관을 운영했다. 그러나 수도회 회원이 계속 줄어들면서 장상들은 수도자들이 해 오던 것을 평신도 교사들에게 맡기기 위해 훈련시킬 필요가 있다는 것을 깨달았다. 단계적으로 수도자들이 오랫동안 소중히 간직해 온 소명 의식에 고취된 평신도 동료들이 이러한 학교에서 지도자의 자리를 맡게 되었다. 다시 웅거가 사용한 단어가 떠오른다. 위기에 대처하면서 수도회와 수도회 소속 학교들은 지금 회복탄력성의 시기를 경험하고 있는 중이다.

마지막으로 웅거는 **방식**과 **비전** 사이에 존재하는 긴장을 고찰한다. 익숙하고 믿을 만한 활동을 반복하는 방식은 기관의 건강한 질서를 유지하는 데 아주 중요하다. 그러나 고난의 시기에 그룹은 다른 자원에 의존해야 할 것이다. 웅거의 말에 의하면 방식은 이전에 이해되었던 비전에서 나온 조직의 행동 패턴을 지칭한다. 문화의 일대 개혁의 시기에 새로운 비전들이 깊이 뿌리내린 방식들에 의문을 제기한다. 위기의 시기에 "방식을 뛰어넘는 비전의 고통스런 승리, 곧 비전을 깊게 하기 위해서 방식을 주기적으로 파괴할 때만 우리는 통찰력을 발전시킬 수 있다."

1960년대 초 제2차 바티칸 공의회가 소집되었을 때 가톨릭교회의 국제 연합은 라틴어로 종교 전례를 지내는 반복되어 온 '방식'에 의문을 제기했다. 수 세기에 걸쳐 이 공통 언어를 사용하는 것은 교회의 보편성을 표현하는 것으로 소중히 여겨졌다. 전 세계에서 미사를 집전하는 공동체는 전례와 기도에서 똑같은 언어를 사용했다. 이 이상에 대한 충실성과 그것의 실제적인 표현은 도전을 받지 않았다. 그러나 20세기 중반쯤 종교 지도자들은 다민족으로 여러 언어를 쓰는 국제 연합의 본질을 깨닫게 되었다. 가톨릭교회는 더 이상 유럽에만 널리 퍼져 있는 기구가 아니었다. 이 시점에서 효과적인 의사 소통이라는 목표가 단 하나의 공통 언어만을 사용하는 전통적인 충실성에 도전했다. 이의를 제기하는 소수의 가톨릭 신자들이 있었지만(그들의 충성심은 타협이 전혀 불가능할 정도로 이전의 이상에 서약을 했다) 교회는 전례 기도문의 양식을 바꾸었다. 이 변화는 대부분의 가톨릭 신자에게 관례의 회복탄력성을 알려 주었다.

소속하고 승리하는 이야기, 상징, 전례들

가족과 친구들의 지지와 격려는 개인의 회복탄력성을 강화시킨다. 소속의 네트워크를 통해 우리는 직면하게 되는 어려움을 이겨 내며 나아가 승리까지 하는 자신의 능력을 신뢰하게 된다. 소속하고 승리하는 것(회복의 핵심이다)은 우리의 이야기와 전례들의 생생한 상징과 비유를 통해서 기념된다.

"인간은 세상에 관해 이야기하면서 세상을 이해한다." 종교 역사학자 카렌 암스트롱Karen Armstrong은 이야기를 하는 것이 "우리의 경험과 지식을 체계화하는 가장 자연스런 초기 방식"이라는 사실을 상기시킨다. 가족, 문화 기관, 종교 조직들은 흔히 그들의 기원을 묘사하기 위해 영웅의 이야기를 만들어 낸다. 암스트롱은 삶에 의미를 부여하는 이야기의 역할을 인정한다. "태초부터 우리는 기본적인(그리고 중요한) 패턴을 드러내는 더 큰 배경에 우리의 삶을 있게 하는(그리고 맡길 수 있는) 이야기들을 고안해 냈다. 그리고 이 이야기들은 역으로 우울하고 혼란스러운 모든 징후에 맞서 삶은 의미 있고 가치가 있다는 것을 깨닫게 했다."

우리는 이야기를 할 때(개인의 삶이나 가족이나 더 큰 공동체에 관한) 방향과 목적을 보여 주는 단 하나의 이야기 줄거리 안으로 다양한 기억들을 모은다. 전혀 별개의 사건들에서 우리는 줄거리를 만들어 낸다. 이렇게 창의적으로 배열하기 전에는 삶이 하나의 단절된 사건에 불과한 것처럼 보일지도 모른다. 이러한 사건들이 줄거리로 모아질 때 그 의미와 가치를 깨닫게 된다. 우리는 매일의 다양한 사건들을 이해하는 줄거리를 구성하고 있는 것이다.

이야기들(개인적이고 문화적인 삶으로 보이고 상세히 서술된)은 오래 지속되고 회복탄력적인 정체성들을 지원한다. 그것들이 지원하는 상징과 전례들로 이루어진 이러한 이야기들은 우리에게 최고의 희망과 가장 높은 이상들을 **다시 마음에 새기게 한다.** 어려움과 인내에 대한 기억들, 용기와 창의성에 대한 기억들 속에서, 우리는 우리가 어디에 소속되어 있는지를 기억해 낸다. 이러한 이야기들(부분적으로는 역사, 부분적으로는 신화) 안에서, 집단은 소중하게 지켜 온 전통 안에서 자신의 자리를 강화한다. 그리고 구성원들은 그들 집단의 회복탄력성을 상기시켜 주는 것들에 의해 용기를 얻게 된다.

그리스도인들에게 있어서 성경 텍스트는 회복탄력성의 역사를 기념하는 저장소이다. 성경의 어떤 장에서는 박해와 고난을 통과한 믿음의 공동체의 끈기를 회상한다. 또 다른 텍스트에서는 새로운 환경에 적응하는 자원을 발견하는 새로운 도전에 대한 집단의 응답을 이야기한다. 위기와 변화에 대한 모범이 되는 이야기가 신약 성경의 갈라티아 신자들에게 보낸 서간에 나온다. 믿는 자들의 첫 세대에서 아주 중요한 때에, 그들이 속해 있는 유대 전통에 계속 충실해야 한다는 베드로의 신념은 교회가 공동체에 들어오는 유대인이 아닌 사람들에게 더 융통성을 보여주어야 한다는 바오로의 직관적 통찰에 부딪치게 된다. 새로 들어오는 이 사람들에게도 정결한 음식 규정을 적용해야 하는가? 그리고 할례는 어떻게 해야 하나? 이 소중히 간직되어 온 관습, 곧 하느님의 선택된 사람들 모임에 들어가기 위해서 지켜야 한다는 오랫동안 계승되어 온 관습에 따라 공동체는 초기 유대 개종자들에게 충성심을 강하게 요구했다. 그러나 아마 비유대인들에게는 이 필수 조건이 면제될 수 있을지도 모른다. 교착 상태에 빠진 영향력 있는 지도자들 사이에 논쟁이 끊이지 않았다. 마침내 할례는 면제된다는 합의점에 도달했다. 이 위기를 통해 앞으로 나아가는 그리스도교 공동체는 자신의 정체성에 대한 인식을 확대했다. 그리고 다른 여러 나라의 개종자들과 민족 유산들을 그리스도교 믿음에 기꺼이 받아들였다.

오늘날 가톨릭교회에서는 사회적 회복탄력성의 드라마를 다시 쓰고 있다. 2014년 10월에 현세대의 결혼한 부부와 가족이 직면하는 특별한 도전들을 검토하기 위해 주교 시노드가 로마에서 개최되었다. 시노드가 시작되었을 때 프란시스코 교황은 문화적 과도기의 비슷한 시기에 있었던 이전 교황의 조언을 인용했다. 1965년 바오로 6세 교황은 다음과 같이 말했다. "이 시대의 징표들을 주의 깊게 살펴보면서 우리는 우리가 행하는 방식과 방법들이 우리 시대의 늘어나고 있는 필요와 변화하는 사회 상황에 적합하도록 모든 노력을 기울이고 있다." '시대의 징표들'에 대한 호소는 기존의 방식과 비전과의 긴장을 생각하게 한다. 문화가 역사를 통해 이동할 때 새로운 비전들이 일련의 전통적인 방식과 절차에 대해 이의를 제기할 수 있다. 2014년 시노드에 앞서 시행된 예비조사는 결혼과 가족에 관한 질문들과 관련해서 논의된 것들에 더 포괄적인 비전을 발견할 수 있는 중요한 기초 자료가 되었다. 전 세계에 걸쳐 통계 조사를 하면서 모든 곳에 있는 가톨릭 신자들에게서 정보를 얻었다.

교회의 결정이 이런 식(믿음의 공동체로부터 광범위하게 모아진 정보에 의해)으로 알려질 때 숙고하고 결정하는 전통적인 틀이 변하기 시작한다. 이전의 충성심에 대한 이해들이 압력을 받는다. 곧 교회 지도자들은 단순히 풍부한 과거의 통찰력과 명령들을 반복해야 하는가? 또는 시대의 징표들을 면밀하게 검토한 후 이전에는 결코 하지 않던 행동을 과감하게 시행할 수 있는가?

모든 그리스도인에게 회복탄력성에 관한 성경의 다양한 이야기들은 큰 위로를 가져다준다. 위기가 어떤 것이든 우리는 전에 여기에 있었다. 때로는 단순히 어려움들을 견디어 내면서, 때로는 여전히 더 깊은 비전에 충실하기 위해 중요한 변화를 이루면서 말이다. 믿음의 공동체는 공동체의 회복탄력성을 증명하면서 2천년 이상 살아남았다. 이것이 공동체의 회복탄력성의 증명서이다. 문화 변혁의 시기에, 역경이 그리스도인의 이야기에서 중심 역할을 했다는 것을 상기함은 지금 성령의 활동에 우리를 열도록 지원한다.

5

영적 회복탄력성
- 역경의 전환

소속과 저항의 자원들

5

"당신께서는 저에게 많은 곤경과 불행을
겪게 하셨지만 저를 다시 살리셨습니다.
땅속 깊은 물에서 저를 다시
끌어 올리셨습니다."(시편 71,20)

「I am Malala」[10] 2012년 12월 어느 화요일 아침, 말랄라 유사프자이는 파키스탄의 스와트Swat 지구에 있는 학교에 가기 위해 버스를 탔다. 파슈툰족Pashtun 소녀를 뒤따라 버스에 오른 한 무장 대원이 그녀에게 3번에 걸쳐 총을 쐈다. 총알 하나가 말라

---

10 「나는 말랄라」, 박찬원 옮김, 문학동네, 2014.

라의 이마 왼쪽 부분을 맞춘 다음, 얼굴 옆쪽을 스쳐 어깨에 박혔다. 심각한 부상에도 불구하고 15세 소녀는 처음에는 파키스탄에서, 그다음에는 영국 버밍엄에 있는 퀸엘리자베스 병원에서 의사들의 정성 어린 돌봄으로 회복되었다. 말랄라와 모든 아이들의 교육을 위해 그녀가 하고 있는 운동은 이 비극적인 사건으로 인해 폭넓은 지지를 받게 되었다.

말랄라의 회복탄력성은 놀라웠다. 일단 부상에서 회복되자, 그녀는 공개적으로 말하기 시작했다. 암살 사건으로 그녀는 국제회의에서 말할 수 있는 기회를 얻게 된 것이다. 그러나 대중 연설은 이 10대 소녀에게 새로운 것이 아니었다. 어릴 때 말랄라는 아버지에게서 연설하도록 격려를 받아 왔다. 겨우 열 살 때 그녀의 아버지는 지역 기자 클럽에서 연설하기 위해 그녀를 페샤와르Peshawar로 데리고 갔다. 공격을 받기 3년 전, 그녀는 BBC 블로그에 글을 올렸다. 그녀는 거기에 탈레반 통치하에서 자신의 삶과, 파키스탄에 있는 소녀들에게 더 폭넓은 교육이 이루어져야 한다는 자신의 소신을 상세하게 실었다.

말랄라의 회복탄력성은 독특한 소속감과 승리할 것이라는 신념에 근거하고 있다. 그녀가 태어났을 때 그녀의 아버지는 '여성 중 아프가니스탄 역사상 가장 위대한 영웅'으로 알려진 말랄라이Malalai의 이름을 따 그녀의 이름을 지어 주었다. 이 19세기

여전사는 자신의 생명을 바쳐 아프가니스탄 군인들을 결집시켜 영국을 상대로 승리를 거두었다. 이 용감한 여성은 전쟁에서 죽었지만, 그녀의 이상(조국의 자유)은 승리했다. 말랄라의 아버지는 그녀가 소속된 용맹한 여성들의 전통을 딸에게 상기시켜 주면서 말랄라이의 이야기를 계속해서 들려주었다. 이 역사적인 모델이 말랄라의 회복탄력성을 육성했다.

영적 회복탄력성에 대해 새로워진 관심

학문의 영역에서 영성은 오랫동안 의심스러운 분야였다. 감정적인 열정주의가 표출된 것과 관련된, 기껏해야 신학의 초라한 사촌처럼 보였다. 개인이 보여 주는 경건함 정도로 격하되어 영성은 현대 세계에서는 실천적 가치가 거의 없는 듯 보였다.

오늘날의 심리학자들은 성인의 발달과 성숙에 있어서 영성의 역할에 관심을 갖는다. 로버트 에먼스Robert Emmons는 인격 심리학과 종교 심리학 분야의 선도자. 그는 사람의 안녕이나 행복에 기여하는 개인의 목표에 초점을 맞춘 이전의 연구들과는 달리, 심리적인 건강과 성장에서 영성의 역할을 강조하면서 더 체계적으로 연구했다. 그는 다음과 같이 쓴다. "심리학적인 과학이 영적인 변혁… 바로 직전에 있다는 것이 나의 믿음이다. 개인과 사회의 안녕에 있어서 영성의 역할을 입증하는 연구가 이러한 변혁을 위해 중요한 역할을 할 것이다."

에먼스는 다음과 같이 정의를 내린다. "영성은… 의미를, 통합을, 소속 관계를, 그리고 초월에 대한 추구를 포함한다." 그리고 "더 크고 모든 것을 망라하는 이야기 속에 우리의 유한한 삶을 끼워 넣는 것이 보편적인 인간 욕구인 것 같다. 그렇게 하지 못할 때 우리는 절망과 자기-파괴 행동으로 빠져든다."고 덧붙인다. 에먼스는 '개인의 안녕과 영성에 대한 관심 사이의 깊은 관련성'을 이해하고 있다. **믿음의 요소**는 삶의 만족, 행복, 자존감, 희망, 낙관주의, 삶의 의미 등 삶의 질을 나타내는 지표에 중요한 요인이 된다. 조지 베일런트는 이러한 소속감에 대해 구체적으로 상술한다. "나는 영성이 신성한 계시에 대한 개인의 필요성을 반영하는 만큼이나 유대감과 공동체에 대한 인간의 생리학적인 절박함을 반영해야 한다고 주장한다."

영적 회복탄력성은 성장하기를 기다리는 능력이다. 곧 희망을 가다듬고 세상을 신뢰하는 훈련이다. 존 코팅햄John Cottingham은 다음과 같이 쓴다. "피할 수 없는 삶의 허무함에 직면하면서 윤리적으로 용기 있고 관대하게 사랑하기 위해서 우리에게는, 두려움을 신뢰로 대치할, 두려움을 우리 각자의 어른의 삶 깊은 곳에 친밀하게 존재하는 아이처럼 되려는 의지와 수용, 개방으로 변형시킴으로써 우리의 연약함을 다룰 수 있는 영적 훈련(금욕주의, 엄격한 수양)과 같은 지속적인 프로그램(학습법에 의한 교육)이 필요하다."

영적 자원들은 많은 사람의 삶 안에 있는 회복탄력성을 지원한다. 여기서 영성은 특정 종교의 믿음과 수행을 고수하는 것보다 더 포괄적인 것을 포함한다. 예를 들어, 회복탄력성의 근원에 대한 연구에서 재닛 램지와 로즈메리 블리즈너는 영성을 "강력하고 자비로운, 생명을 주는 모든 존재의 근원과 감정적이고 지각력 있고 경험에 바탕을 둔 관계"로 인정한다.

심리학자 케네스 파가멘트Kenneth Pargament는 종교적 믿음과 수행들이 회복탄력성에 기여하는 것에 관해 광범위하게 썼다. 그 결과 다른 많은 학자들이 그의 연구 결과를 지지하고 있다. 종교적 믿음은 때때로 우리를 삼켜 버리는 부정적인 환경을 뛰어넘어 볼 수 있도록 도움을 주는 근원적인 의미를 제공한다. 종교적 상징들은 인간의 삶에 더 깊은 질서의 이미지들을 제공하는데, 그 이미지 안에서는 악마와 고통이 현실이지만 궁극적인 것이 아닌 것으로 인식된다.

의롭고 자비로운 하느님의 이미지는 믿는 사람들에게 개인적 고뇌의 한복판에서 종교적 지지를 찾도록 용기를 북돋운다. 하느님께 기도하는 것, 거룩한 사람들이 보여 준 모범적인 삶에 대해 숙고하는 것, 성경 텍스트를 묵상하는 것, 종교적 전례에 참석하는 것 등의 활동들은 지속적이고 긍정적인 심리적 결과들과 관련이 있다. 그러나 가끔은 이러한 영적 투쟁이 상황을 더 나쁘게 할 수도 있다는 것을 보여 주는 증거들도 있다. 비극이 닥칠 때 믿는 사람들은 전능하신 하느님께서 이러한 재앙을 허락하셨다고 분노할 수 있다. 또는 자신의 죄 때문에 의로운 하느님께서 자신을 버리셨다고 두려워할 수도 있다. 그러나 오늘날 행해지는 연구에서는 고통에 대한 이러한 비순응적 해석들이 희망과 감사를 강조하는 종교적 응답들에 비해 그렇게 자주 나타나지 않는다.

영적 회복탄력성과 소속

앞 장에서 우리는 유대가 집단 충성을 지원한다는 것과 그 유대를 발전시키는 데 있어서 회복탄력성의 역할을 탐구했다. 영적 회복탄력성은 의미를 더 깊이 탐구할 수 있도록 지원한다. 인간은 우리가 거주하고 있는 세상이 뜻이 통하고 이치에 맞으며, 세상이 결합되어 있어 의미와 목적을 제공하고 있다는 것을 확신하고 싶어 한다. 우리는 자신의 삶이 어떤 큰 의미를 추구하는 것의 일부분이 되기를 바란다.

인류학자 클리퍼드 기어츠Clifford Geertz는 이 희망이 "아마 세상이, 그리고 세상에서 인간의 삶이 진정한 질서가 전혀 잡혀 있지 않고…. 윤리적인 일관성이 전혀 없다는 불편한 의혹을 제기하는" 사건들에 의해 시험된다는 것을 인정한다. 종교 전통들과 영적인 행로들은 "공식화된 표현으로, 상징으로, 설명하고 기념하기까지 할 세상의 진정한 질서의 이미지로, 지각된 불명확함과 수수께끼 그리고 인간 경험의 역설로" 이러한 도전을 이야기한다. 기어츠에게 "노력은 부정할 수 없는 것(설명될 수 없는 사건들이 있다는 것, 삶이 마음을 아프게 한다는 것, 또는 뜻하지 않게 낭패를 본다는 것)을 거부하는 것이 아니라, 이해할 수 없는 것이 있다는 것, 삶은 견딜 수 없다는 것, 그리고 정의는 환상이라는 것을 거부하는 것이다."

그리스도인인 우리를 위해 성경의 이야기들은 삶과 죽음, 잃음과 얻음, 고통과 구원에 관한 회복탄력성에 기반이 되는 의미와 목적의 패턴을 만들어 낸다. 이 이야기들이 삶의 경험으로 울려 퍼질 때 우리는 회복탄력성에 대한 자신의 능력을 확신하며 자신감을 얻게 된다.

영적 회복탄력성에 대한 성경 이야기들

우리 신앙 선조인 유대인의 역사는 계속되는 극적인 회복탄력성에 대한 이야기이다. 그리고 인간 능력의 핵심에 자리하고 있는 믿고 승리하는 내면의 역동성을 분명하게 보여 주는 이야기다.

유대인들은 이 이야기(살고 생존하도록 하느님께서 그들을 선택하셨다는 것에 대한 설명, 부분적으로는 역사이며 부분적으로는 신화인)를 믿었다. '선택되었다는 것'은 더 낫다는 의미가 아니라, 그들이 그들의 모든 결함들과 하느님Yahweh께 대한 불충에도 불구하고 살아남을 가치가 충분히 있는 특별한 존재라는 의미이다. 긴 역사를 특징짓는 게토ghetto와 유대인 대학살에 직면하면서도 그들의 회복탄력성의 중심에는 믿음이 놓여 있었다. 믿을 것이 아무것도 없다면 사람은 생존하지 못한다. 믿음은 승리로 이끈다. 여기서 다시 인간이 어떻게 생존하느냐가 중요하다. 유대인들에게 승리는 고대 로마인들이나 중세 유럽인들, 또는 나치 독일에 대한 군사적인 승리를 의미하지 않았다. 승리는 지옥과 같은 모든 재앙을 통과하여 살아남아 궁극적으로 번성하리라는 언약을 담고 있다.

유대인의 회복탄력성은 하느님의 면죄부에 집중되어 있다. 그들의 어리석음이나 사악함이 어떤 것이든 간에, 하느님께서는 용서를 베푸시고 그들의 비참한 처지에서 당신 백성을 구해 내셨다. 그리고 그들의 회복탄력성은 그들의 고통을 통해 성장했다. "하느님, 당신께서 저희를 시험하시고 은을 단련하듯 저희를 단련하셨습니다. …저희는 불과 물을 지나야 했습니다. 그러나 당신께서는 저희를 넓은 곳으로 이끌어 내셨습니다."(시편 66) "당신께서는 저에게 많은 곤경과 불행을 겪게 하셨지만 저를 다시 살리셨습니다. 땅속 깊은 물에서 저를 다시 끌어 올리셨습니다."(시편 71)

한밤중에 알 수 없는 공격자와 씨름을 하고 있는 야곱에 대한 성경의 이야기에서 우리는 회복탄력성의 특별한 예를 본다. 한밤중에 야곱은 그를 땅바닥에 내동댕이친 어떤 사람에게 공격을 받았다. 그들이 씨름을 할 때 그의 상대는 "야곱의 엉덩이뼈를 쳤다. 그래서 야곱은 그와 씨름을 하다 엉덩이뼈를 다치게 되었다." 그러나 야곱은 "동이 트려고 하니 나를 놓아 다오."라고 말하는 그 공격자를 꽉 잡았다. 그리고 야곱은 자기를 축복해 주시지 않으면 놓아 드리지 않겠다고 대답했다. 그러자 그 공격자는 야곱을 축복해 주고 그에게 새로운 이름을 주었다. "네가 하느님과 겨루고 사람들과 겨루어 이겼으니, 너의 이름은 이제 더 이상 야곱이 아니라 이스라엘이라 불릴 것이다."(창세 32,29) 해가 떠올랐을 때 그는 자신이 하느님과 씨름을 하고 있었던 것을 깨닫게 되었다. 그는 이 신비로운 만남에서 다리를 절뚝거리며, 상처 입은 허벅지 힘줄이 있는 엉덩이뼈와 새로운 정체성을 지니게 된다. 그리고 자신의 상처를 껴안음으로써 야곱은 승리했다.

영적 회복탄력성에서 믿음의 역할

믿음은 인간의 능력이며, 세상을 이해하는 방식을 말한다. 다시 말해, 이것은 의지할 수 있는 동료에게 두고 있는 신뢰를 통해, 그리고 삶에 대한 이해에서 오는 확신을 통해 갖게 된다. 믿음을 성장시키기 위한 영적 수련에서 우리는 개인의 삶보다 더 큰 근원적인 것에 우리의 신뢰를 둔다. 이 믿음은 믿는 사람들 사이에 소속감을 지원한다. 또한 좌절과 실망에도 불구하고 우리가 최상의 노력을 기울일 만한 가치가 있는 것으로서 우리가 추구하는 승리할 수 있는 장기적인 프로젝트에 헌신하도록 지원한다.

믿음은 흔히 종교적 소속감과 관련이 있다. 인간의 오랜 역사 동안 많은 사람들이 믿음의 방식을 교육받는 배경으로 종교 전통(그리스도교 · 유대교 · 불교 · 이슬람교)을 찾아냈다. 이러한 지원하는 공동체들은 의미와 목적을 지닌 이야기와 상징들을 제공했다. 이 믿는 자들의 모임은 믿음이 성숙하고 원숙해지는 '안아 주는 환경'으로서의 역할을 했다. 이 특정한 종교 그룹의 믿음을 통해서 한 인간은 삶 자체 안에 있는 믿음과 자비와 정의의 덕목들에 대한 헌신을 발달시켜 왔다. 결혼이 헌신적인 사랑이 자라나는 과거부터 이어 온 가정의 기능을 해 온 것처럼 종교는 믿음이라는 과거부터 이어 온 회복탄력성을 키워 나가는 기능을 한다. 그러나 사랑이 낭만과 가족을 뛰어넘어 경험되는 것처럼 믿음은 종교적인 소속감을 뛰어넘어 표현될 수 있다.

영적 회복탄력성의 핵심에 있는 믿음은 인간의 상상력에 뿌리를 두고 있다. 이러한 확신은 믿음이 단순히 환상이거나 경건한 사람이 지어낸 것이라고 암시하는 것이 아니다. 대신에 믿음은 회복력 있는 자기self에 전념하는 것, 곧 의미 있는 세계를 인지하고 창조하기도 하는 것은 바로 상상력에 의한 것이라고 일깨워 준다. 상상력의 도움으로 다른 사람들이 알지 못하는 목적과 더 큰 의미들을 깨닫게 된다. 그리고 모두에게 그런 것은 아니지만 다른 사람들과의 친교를 깨닫게 된다.

지나 오코넬 히긴스Gina O'Connell Higgins는 믿음을 "미래에 우리의 믿음을 유지하기 위해 이미지와 상징들을 찾아내고 만들 수 있는 독특한 인간의 능력"으로 묘사한다. 유대 민족은 그들의 험난한 역사를 되돌아보면서, 조상들이 사막에 머무른 것을 우리 인간들이 겪는 무미건조함과 방향 상실의 모든 삽화적인 사건들에 대한 비유로 이해하게 되었다. 상상력을 통해 유대인들은 이 유배를 인류가 자양분과 안락함을 제공하는 지리적인 또는 영적인 고향으로부터 분리되는 여러 가지 방식들 가운데 주된 이미지로 인식하게 되었다. 초기 그리스도인들은 특히 복음의 비유들을 통해 이러한 종교적인 상상력을 계속 탐구했다. 우리는 씨앗이 땅에 떨어져 죽지만 그 죽은 씨앗에서 새로운 생명이 나온다는 것을 떠올린다. 이 통찰력은 믿음의 공동체에게 파스카 신비에서 선포하는 죽음과 부활의 리듬을 일깨워 준다.

회복탄력성은 삶의 여정을 새롭게 해석할 수 있는 능력에 달려 있다. 또한 우리를 패배시킨 상처와 반복해서 실수하게 한 종교적 문화적 전통의 과거의 실패를 뛰어넘어 볼 수 있는 능력에 달려 있다. 이렇게 역사를 재구성함으로써 우리는 삶에서 믿음을 새롭게 한다. 현재의 좌절을 꿰뚫어 봄으로써 우리는 회복탄력성을 교정한다. 믿음이 상상할 수 있는 풍부한 능력이 없다면 우리는 변화가 없는 세상 '당신이 보는 것이 당신이 얻는 것'으로 규정된 세상에 있게 된다. 이러한 풍토는 영의 죽음으로 이끈다.

말랄라의 이야기를 되돌아보면서 소속과 승리라는 확장된 비전 안에 있는 영적 회복력을 알게 된다. 이 어린 소녀는 자신이 대단하고 자랑스러운 사람들에게 속해 있다는 것을 알았다. 이러한 인식을 통해 그녀는 소녀들을 위한 교육에 매진할 수 있는,

심지어 종교에 기반을 둔 격렬한 저항에 직면해서도 온 힘을 다할 수 있는 용기를 얻었다. 그녀는 한 세기 전에 그녀와 같은 이름의 영웅이 단순히 자유를 위한 투쟁에서 **목숨을 잃은 것**이 아니라, 개인의 생존보다 더 중요한 대의명분에 **그녀의 생명을 바쳤다**는 것을 알았다. 전 세계의 많은 사람들과 함께 미국인들은 마틴 루터 킹Martin Luther King Jr.의 삶에서 이와 똑같은 시나리오를 알아본다. 암살당한 그의 비극을 보며 우리는 **그가 목숨을 잃었다**고 단순하게 말하지 않는다. 오히려 그는 그를 살아남게 하는 인종적 정의라는 대의명분에 **그의 생명을 바쳤다**.

6

군인의 회복탄력성
- 강점과 취약성

상처 치유하기, 회복탄력성 기르기

6

"장성급들과 상사들이
젊은 군인들과 그들이 겪고 있는 전투 스트레스,
정신적 외상 후 스트레스 장애, 그리고 우울증으로
투쟁한 이야기들을 공적으로 나눌 때까지
젊은 군인들은 자신의 경력을 훼손하지 않고
도움을 청할 수 있다는 것을 믿지 않을 것이다."[11]

회복탄력성이 역경을 극복하는 데 있어서 중요하다면 이 회복탄력성의 힘은 군 복무 중인 사람들에게 드러나야 하는 중요한

---

11 Yochi Dreazen, 「The Invisible Front」(보이지 않는 전선)

자원임에 틀림이 없다. 역경은 기초 훈련과 전투에 참가하는 군인이 직업상 겪어야 하는 세계이다. 군대의 회복탄력성은 일상에서 겪는 치명적인 위협에 대항할 수 있는 병사의 능력에서 돋보인다. 그리고 공포나 후퇴에도 굴복하지 않으면서 압박을 받는 군대의 지속되는 임무를 수행하는 데에서 이 능력은 돋보인다.

이라크와 아프가니스탄에서 일어난 전쟁에서 군대의 회복탄력성이 발달하는 데 있어 두 가지 중요한 문제를 드러냈다. 군인은 자신감에 차고 강해지도록 훈련을 받는다. 그러나 정신적 외상 후 스트레스 장애로 심각하게 손상을 입었을 때 그 군인은 당국에 자신의 장애가 알려지면 군대 생활을 계속할 수 없을지도 모른다는 생각을 하게 된다. "기초 훈련, ROTC, 웨스트포인트와 같은 미 육군 사관 학교에서 받는 기본적인 메시지는 정신병은 약함의 표시라는 것, 그리고 약한 군인은 군대에서 설 자리가 없다는 것이었다."(Dreazen, 185)

군인은 또한 자신의 전우들에 대한 책임 윤리를 받아들인다. 동료 하나가 전사할 때 그는 슬픔만이 아니라 보호하지 못한 것에 대한 죄책감도 느끼기 쉽다. 이러한 갈등은(개인적 · 제도상) 군대의 회복탄력성에 대한 새로운 질문들을 제기한다.

군대의 회복탄력성에 대한 이야기와 상징들

다른 조직들처럼 군대는 그 부대원들 안에서 회복탄력성을 발전시키기 위해 이야기, 상징, 의식에 의지한다. 사관 학교에서 미래의 지도자들은 응집력과 유연성이라는 윤리 원칙을 위해 몇 년에 걸쳐 교육을 받는다. 그러나 입대한 신병들은 기초 훈련에서 더 심한 도전을 받는다. 신병들은 이 조직 문화에서 규정하는 가치들 안으로 빠르게 스며들어야 한다. 군복을 입음으로써 신병은 새로운 정체성을 갖게 되고, 독특한 집단의 구성원이 된다. 신병은 소속과 지위를 규정하는 다양한 계급과 배지(훈장 또는 기장)로 조직의 계통 체계에 편입된다. '영원한 충성을'semper fi 그리고 '하나의 부대'army of one라는 상징적인 언어가 개인으로서, 그리고 군대의 일원으로서 군인은 강하고 회복탄력성이 있다는 신념을 강화시킨다.

「Redeployment」(재배치)라는 단편 모음집에서 이라크 퇴역 군인 필 클레이Phil Klay는 이러한 소속감을 불어넣어 주는 이야기와 상징들을 묘사한다. "신병 훈련소에서 (교관들은) 당신에게 명예 훈장의 이야기들(무용담, 자기-희생, 애국심)을 가르친다." 신병들은 이 이야기들을 통해 존경받는 그룹에 깃든 영광과 희생을 전수받는다. 사람의 마음을 끄는 강력한 상징들(부대 기장과 용맹스러움에 대한 훈장)은 명예와 존경, 용기를 강화시킨다. 동기를 부여하는 구호들은 이러한 상징적인 언어에서 중요한 요소가 된다. '자신의 가능성을 최대한 발휘하라', '소수 정예' 등 모든 것이 부대원으로서의 자부심을 강화하고 전투에서 회복탄력성을 지원한다.

클레이는 소속을 강화하고 승리를 재정립하려는 의도로 행해지는 의식을 묘사한다. 사망한 전우의 시신이 전장에서 운구되어 오면 군인들은 차례 자세를 하고 경례를 한다. 시신이 고향으로 오는 여정의 매 단계에 병사들은 고인이 된 전우의 관 앞에 선 채 묵념한다. 클레이는 가슴을 뭉클하게 하는 감동적인 묘사를 한다. "(시신이) 지나가는 곳마다 해병대와 해군, 육군과 공군이 차렷 자세를 하고 섰다. 관이 전사자의 가족에게로 가자 침묵과 정적이 사라졌다." 이러한 상징적인 행동은 전사한 군인에게 경의를 표하며 개인의 죽음에 직면해서도 군인은 승리한다는 것을 보여 준다.

시험된 회복탄력성

클레이는 전쟁이 주는 감정적인 혼돈을 포착해 회복탄력성을 시험한다. 그가 쓴 단편 모음에서 병사들은 군대 생활의 일부인

혼란스러운 기분과 극한 감정을 드러낸다. 순찰을 하는 동안 과민 반응으로 갖게 되는 분개, 슬픔, 죄책감이라는 미해결된 감정을 처리할 수 있는 기회를 거의 갖지 못한 채, 비번인 군인은 대개 지루해하면서 맥없이 드러눕고 만다. 어떤 군인은 비상사태를 겪으며 생긴 과민 반응을 다음과 같이 묘사한다. "비상사태가 선포된다. 당신이 보고 듣는 것이 평소와는 다르다. 뇌 화학 반응이 변하는 것이다. 당신은 주변의 모든 것을 신경이 곤두선 채로 지켜본다. 나는 20야드 떨어진 거리에 있는 10센트짜리 동전도 알아볼 수 있다. 나는 건물 아래쪽을 뚫어지게 바라본다."

그러한 위험스러운 환경에 장시간 노출될 때 대다수의 군인들이 잠을 잘 수 없게 된다. 어떤 사람은 매일 운동 요법의 일환으로 몸을 완전히 지치게 하여 소용돌이치는 감정을 잠재운다. 또 어떤 사람은 휴식을 취하는 데 도움이 되는 약물에 의지하고 순찰을 하는 동안 계속 깨어 있기 위해 카페인 음료를 마신다. 이러한 악순환으로 그의 병은 빠른 속도로 만성화되고, 감정은 극도로 심한 기복을 보인다. "당신은 고통과 다행증[12]만 남을 때까

---

[12] 多幸症. 감정 장애의 일종으로 근거 없는 병적 쾌감에 젖는 정신 상태 - 옮긴이 주

지 자신을 소진한다." 덱스터 필킨스Dexter Filkins는 '갈등이 전쟁을 치른 남자들의 정신을 어떻게 분열시키는지, 그들의 마음속에서 어떻게 중얼거리게 되는지' 묘사함으로써 클레이의 이론에 경의를 표한다. 이러한 감정의 악순환 때문에 인간의 정신은 무너져 버리고 만다.

회복탄력성의 붕괴

전쟁의 엄청난 대가는 전통적으로 영웅이라는 그리고 애국주의자라는 미사여구 아래 위장된다. 20세기 초 애국자들은 여전히 '조국을 위해 목숨을 바치는 것은 즐겁고 영예롭다'(dulce et decorum est pro patria mori)는 고대의 경구를 극찬할 수 있었다. 이라크와 아프가니스탄에서 겪은 경험과 더불어 한 세기 동안 일어난 전쟁은 이러한 미사여구가 거짓임을 입증한다. 조지 패커George Packer는 이렇게 비평한다. "둘 다(이라크와 아프가니스탄 전쟁들) 오만과 거짓 승리로 시작되었고 오랜 기간 교착 상태에 빠져들었으며 마침내 그들은 패배라는 쓰라린 결과를 받아들여야 했다." 많은 군인들에게서 이라크와 아프가니스탄 전쟁이 더 숭고한 목적을 위해 치러졌다는 확신이 붕괴되기 시작했다. 그곳에서 군인들은 통제하기 어려운 폭력적인 감정들로 촉발된 정신

분열을 경험했다. 이렇게 만연된 정신 분열은 곧 바로 정신적 외상 후 스트레스 장애(posttraumatic stress disorder, PTSD)가 된다. 그것은 산산조각 난 정신 상태를 말하며, 이 파괴적인 증상들로 고통받는 몇몇 사람들은 급기야 자살로 끝을 맺는다. 전사의 회복탄력성(어떠한 역경도 제압할 정도로 강인한)은 약화되어 퇴역 군인들은 조국으로 돌아갈 수 있을 만큼 준비가 되지 않았다. 그들은 군 복무에 직접 참여하면서 연약함과 용맹이 양립할 수 없음을 배웠다. 전쟁에서 약함을 드러내는 것은 다른 사람들의 사기를 저하시키는 것이고 사명을 완수하지 못하는 것이다. 두려움과 슬픔의 감정들에 취약해지면 싸우기에 필요한 기민함과 의지가 약화될 뿐이다. 따라서 취약성은 치명적이 될 수 있다. 어떤 군인이 진술한 것처럼 "갑옷에는 갈라진 틈이 전혀 있을 수 없다." 그러나 귀향을 하면서 군인들은 종종 개인이 받은 고통을 인정하도록 건강 전문가나 군종 사제에게 도움을 청하라는 격려를 받는다. 귀향하는 많은 군인들이 취약성을 인정하는 것(자기 자신에게도)은 아주 어려운 일이다. 그리고 오래도록 지속된 개인의 아픔이나 감정적인 고통에 대해 어떤 이야기를 한다는 것은 그들의 과장된 영웅적인 명성을 더럽히는 것이고, 어쩌면 미래에 얻게 될 직업을 잃을 위험을 자초하는 것일 수도 있다.

귀향한 퇴역 군인들은 그들의 시와 단편에서 이 불안감을 "형

제애, 이전의 자기self로부터의 소외, 과거의 혼령, 고향에 적합하지 않는 사람"(조지 패커)이라고 덧칠하며 이름을 지으려고 애썼다. 여기서 '고향'이라는 이미지는 더 이상 환영과 위로의 장소가 아니다. 퇴역 군인 케빈 파워스는 다음과 같이 표현한다. "말하자면, 나는 집에서 부족한 것이 없다/ …그러나 나는 기억할 수가 없다/ 어떻게 내가 살아 있는지."[13] 브라이언 터너Brian Turner는 이 주제를 반복한다. "고향은 내가 가져가는 모든 것들을 담을 정도로 넓은 공간이 아니다. 태평양에서 대서양으로 펼쳐져 있는 방대한 미국은 군인들 각자가 고향으로 가져온 전쟁의 상처를 받아 안을 만큼 충분히 넓은 공간이 아니다. 그리고 미국은 그렇게 할 수 있지만 하려고 하지 않는다."

　귀향한 퇴역 군인들과 시민들 사이의 대화는 종종 "당신이 어떤 일을 겪었는지 상상할 수가 없네요."와 같은 몇 마디 말을 주고받음으로써 실패로 끝난다. 존중하며 이야기를 한다 하더라도 이런 식의 말은 흔히 진정 어린 대화를 차단한다. 클레이는 다음과 같이 지적한다. "이러한 대화에서 시민들은 퇴역 군인이 겪

---

[13] Kevin Powers, 「Letters Composed during a Lull in the Fighting: Poems」 (전투가 소강상태일 때 쓴 편지)

은 것에 경의를 표하고 싶어 한다. 퇴역 군인은 자신에게 고통스럽고 성스러운 기억들을 외부의 판단으로부터 보호받기를 원한다. 그러나 결과는 똑같다. 구석에 혼자 있는 퇴역 군인은 전쟁에 관해 알릴 수는 있지만 그에 관해 토론은 할 수가 없다. 그리고 시민들은 그들의 국가가 개입한 윤리적으로 가장 큰 문제를 불러 일으킨 활동들 가운데 하나인 전쟁에 관한 대화를 차단한다."

"퇴역 군인은 당연히 전쟁 경험에 있어서 권위자라는 생각이 대화를 가로막는다." 클레이는 덧붙인다. "만약 우리가 외상을 남에게 말할 수 없는 것으로 금기시한다면 그럴 때 생존자들은 꼼짝 못하게(군인이 아닌 친구나 가족에게 진정으로 이해받지 못한다는 느낌에) 된다. 클레이는 의사소통을 막는 장애물들을 자세히 이야기한다. 그는 전쟁을 겪은 한 사람으로서 '퇴역 군인의 비밀스러움'을 묘사한다. 이것은 그를 고향 사람들에게서 멀리 떼어 놓는다. "당신은 거기에 없었습니다." 미국에 다시 돌아왔을 때 퇴역 군인은 자신이 더 낫거나(조국을 방어하기 위해 대가를 지불한 것) 더 나쁘다고(자신이 끔찍한 사건에 개입되었다는 것) 느낀다. 이 모든 것이 시민들에게서 그를 떼어 놓는다.

군인의 딜레마: 취약성

군인의 경험을 설명하면서 클레이는 압도하는 느낌인 군인의 취약성을 생생하게 묘사한다. 해소되지 않은 기억들 속에서 많은 군인이 그들을 계속 따라다니는 행동과 사건들을 끊임없이 떠올린다. 그들은 도움이 안 되는 사람들에게서 거리감을 느끼고 심지어는 소외감까지 느낀다. 이러한 불투명한 취약성을 처리하기 위해서 그들은 죽은 전우의 시신이 전장에서 운구되어 올 때 자신을 분리시키기 위해 벽을 쌓는 듯하다. 가끔은 훨씬 더 자멸적인 수단들이 필요한 것 같기도 하다. 다시 말해 감각을 마비시키는 알코올의 효과로 통제되지 않은 불끈 치미는 분노로 다른 사람들을 쫓아냄으로써 개인의 취약성을 방어하기도 한다.

군대의 회복탄력성에 대한 비현실적인 심상들로 생긴 긴장은 퇴역 군인의 자살이라는 비극을 통해 명백해진다. 군대 지휘관들과 일반 대중 모두 오늘날 귀향한 군인들 사이에 자살하는 사람의 수가 늘어나고 있다는 징후를 알고 있다. "군인의 자살 비율은 2002년과 2009년 사이에 80% 이상 급등했다. 2012년에는 군인들이 전쟁에서보다 더 많이 자신의 손으로 죽었다. 2013년 이라크와 아프가니스탄에서 전쟁이 시작된 이래로 자살한 군인의 전체 숫자가 1000명대를 돌파했다."(Dreazen) 2014년 3월

워싱턴 국립 공원National Mall에서의 한 장면이 이러한 우려를 실제로 보여 준다. 자원봉사자들이 그해 1월부터 자살로 사망한 1892명의 군인들을 기리기 위해 공원 이곳저곳에 작은 깃발을 꽂고 있었다.

군인의 자살은 특히 끔찍한 죽음으로 간주된다. 전투에서 죽는 것은 영예롭게 보일 수 있지만, 자신의 손으로 죽는 것은 가장 나쁜 유형의 포기, 패배 그리고 군대의 회복탄력성의 결핍 등으로 간주된다. 군인의 자살은 개인적으로 군인의 윤리적인 약함을 알리는 것만이 아니라 상징적으로 전 군대의 회복탄력성을 은밀하게 해치는 것이다.

많은 군부대 지휘관들에게 정신적 외상 후 스트레스 장애 증상들은 머지않아 포기에서 자살에 이르는 연약함(군대 회복탄력성의 붕괴)을 암시했다. 이 또한 약함의 신호이며 수치심의 근원이었다. 자살과 정신적 외상 후 스트레스 장애 둘 다 흔히 군인과 그 가족에게 오명을 남겼다. 더 많은 군부대 지휘관들이 자신이 참전한 전쟁이 야기한 정신적 고통을 알리기 위해 적극적으로 나서면서 이는 서서히 변하기 시작했다. 요쉬 드레젠Yochi Dreazen은 「The Invisible Front」(보이지 않는 전선)에서 마크 그레이엄Mark Graham 장군과 그의 아내 캐럴Carol, 그리고 두 아들의 죽음을 전한다. 두 아들은 아버지를 따라 군에 들어가기를 간절히 원했다. 형 제프Jeff는 군에 들어가 이라크에서 복무하다가 급조된 폭발물IED에 의해 전사했다. 몇 달 전 동생 케빈Kevin은 항우울제를 복용하면 군대에 못 들어갈까 봐 약을 끊었다. 얼마 후 우울증의 큰 파도가 덮쳐 케빈은 스스로 밧줄로 목을 매었다.

그의 부모는 몇 달 사이에 일어난 두 아들의 죽음으로 비탄에 빠졌다. 그러나 그들은 친구들이 케빈의 삶(그리고 죽음)에 대해 말을 꺼내기를 어색해하는 것을 보고 마음이 아팠다. 그리고 그들은 당혹스럽게도 제프가 영웅으로 기려졌을 때 더 괴로워했다. 2008년 포트 카슨Fort Carson에서 마크 그레이엄 장군이 사령관으로 첫해를 복무하는 동안 본부에서 8명의 군인이 자살했다. 그레이엄은 곧바로 정신적 외상 후 스트레스 장애와 자살과 관련된 오명을 씻기 위해 캠페인을 벌이기 시작했다. 물론 그러한 노력은 군대의 회복탄력성에 대한 전통적인 비전에 크게 위배되는 것이었다.

요쉬 드레젠의 설명은 냉정한 어조로 결론을 맺는다. "그러나 그러한 것들이 군대의 문화와 가치 체계에 근본적인 변화들을 요구하기 때문에 가장 중요한 변화들은 쉽게 일어나지 않을 것이다." 1년 이상 연구하면서 요쉬 드레젠은 "자신들의 악몽, 초조함, 분노 폭발, 또는 다른 PTSD와 관련된 증상들을 인정하고 공개적으로 이야기한 장군은 단 세 명에 불과했다. 지금도 그들은 삶의 정점에서 다른 군인들이 자신들을 약한 사람으로 보는 것이 두렵기 때문에 PTSD로 괴로움을 당하는 장군들 대부분이 침묵 속에서 고통을 당하고 있다."고 슬프게 보고한다.

영적 회복탄력성과 군대

군대의 회복탄력성은 군대의 단결과 충성심에 근거한다. 군대는 신병에게 개인적인 회복탄력성을 기대한다. 군대 훈련의 목적은 군대의 사기와 효능성을 지원할 '다양성의 수용, 상호 관계, 자원들의 나눔, 헌신, 그리고 생산성'을 서서히 주입시키는 것이다. 그리고 연구 결과들은 '새로운 배움과 성장을 통해 적응을 잘하기 위한 방법으로 다른 사람들, 그룹들 그리고 더 큰 집단들과 연결하는 역할'을 강조한다. 여기서 중요한 요소는 군인의 공감하는 능력이다. 다른 사람들이 느끼는 것에 주의를 기울이며 정확하게 인식하는 것은 개인의 회복탄력성을 기르는 핵심 기술이며, 사회적 회복탄력성의 핵심이 되는 구성 요소이기도 하다.

놀랍게도, 최근 한 연구에서 군대 생활에서 영적 회복탄력성이 갖는 역할을 탐색했다. 이제 군부대의 지휘관들은 군인들의 안녕과 삶의 의미를 지속시키게 하는 비전을 수용하는 것 사이의 중요한 연결 고리를 인정한다. 미 공군의 후원에 힘입어 이루어진 연구에서 **영적 건강**, 그리고 **종교적 세계관**이라는 어휘를 사용한다. 공군은 영적 건강을 '과업을 성취할 때 끝까지 해내고 승리하기 위해 필요한 믿음, 원칙 또는 가치들을 고수하는 능력'으로 정의한다. 이러한 건강은 명시된 종교적 신분이나 초자연적인 것에 대한 믿음을 요구하지 않는다. '영적 세계관'에 대한 정의에서는 공군이 정의한 내용에 초월적인 의미와 목적에 대한 믿음, 평화와 위로를 끌어내는 개인적 가치의 수용, 그리고 삶의 의미나 목적에 대한 의식을 포함시킨다. 다시 말해, 우리의 생명을 기꺼이 바칠 수 있는 일단의 가치들에 대한 헌신을 말한다. 군대 생활에서 영적 또는 초월적인 요소들은 궁극적인 희생이라는 단어로 자리매김한다. 군인 한 사람의 죽음은 그것이 군대와 국가의 승리에 기여할 때까지 재구성되어야 한다. 수많은 개인의 희생으로 묘지들이 '신성한 땅', '축성된 대지'로 묘사되는 것처럼 국군묘지에 사용되는 미사여구가 이러한 재구성에 기여한다.

재생된 회복탄력성: '파괴된 인격' 치유하기

베트남 전쟁의 여파로 군인 개개인이 겪은 외상의 기억들은 그것을 인정하고 떨쳐 버리는 기회를 거부할 때 악몽과 파괴적인 행동으로 폭발한다. 정신과 의사 조나단 샤이Jonathan Shay는 이를 연대기 방식으로 기록했다. 미국으로 돌아왔을 때 많은 군인들이 전쟁터에서 그들을 살아남게 한 아주 중요했던 행동들을 반복했다. 어떤 사람들은 전투태세를 계속 유지하고, 한때 그들의 생존에 아주 중요했던 '과각성'[14]과 극도의 공격성을 버릴 수 없었다. 이러한 '전투적인 행동'은 고향에서 종종 갑작스런 격노, 불면증, 가정 폭력, 그리고 고통을 경감시키기 위한 알코올과 약물에 대한 의존도의 증가로 나타난다.

최근에 조나단 샤이는 많은 장병들이 전쟁에서 돌아와 보여준 도덕적 상처에 대해 숨김없이 썼다. 병사들이 잘못되었다고 알고 있는 명령을 따랐을 때 또는 무죄한 시민의 죽음에 대한 책임이 자신에게 있다고 생각할 때 이러한 상처가 생길 수 있다. 고통은 전시戰時에 피할 수 없는 대규모의 격렬한 군사 작전으로도 생길 수 있다. 조나단 샤이는 윤리적 상처를 "윤리적으로 올바른 것에 대한 배신"으로 정의한다. 이렇게 생긴 죄책감과 수치심은 전투에서 돌아온 후에도 오래도록 남아 있는 상처에 불

---

[14] Hypervigilance, 자신을 보호하기 위해 경계심을 강화하는 심리적 상태 – 옮긴이 주

을 붙인다.

심리 치료사들은 군인들에게 무의식에 남아 있는 외상을 의식적으로 슬퍼하게 하면서, 이 외상을 비극으로 변화시키는 섬세한 과정을 시작하도록 도움을 줄 집단 토론을 고안해 냈다. 조나단 샤이는 퇴역 군인들의 다른 모임에서 그들이 겪은 전쟁 이야기를 다시 이야기할 수 있도록 직접 작은 그룹을 모았다. 그는 그와 같은 환경에서 일어날 수 있는 치유를 이렇게 묘사한다. "일어났던 일에 대한 산산이 부서진 지식, 사건들의 진짜 의도 때문에 일어난 감정들, 물리적 상황들이 만들어 낸 몸의 감각들을 모아서 알아낸 것들을 이야기로 만들어 갈 때 생존자는 외상의 원인이 된 의식의 파편들을 다시 이어서 맞출 수 있다."[15]

이렇게 무의식 안에 쌓여 있는 것들을 회상해서 그것들이 마침내 안전한 치료적 환경에서 공유될 때 나쁜 기억들은 그 힘을 잃기 시작한다. 이러한 공포와 슬픔의 이야기들을 하나하나 자세하게 이야기하면서 이제는 공공연히 모두에게 알려져 존중을 받을 때 그들이 군대에서 겪은 경험으로 인한 외상은 점차 비극으로 바뀌게 된다. 여전히 끔찍한 이 사건들은 이제 존중받고 더 감내할 수 있게 된다. 이라크에서 돌아온 한 위생병은 이렇게 말한다. "조용한 곳에서 처음으로 솟아 나온 것은 과거와 현재의 자신에 대한 깊은 연민의 감정이다. 입에 담지 못할 역겨운 일을 어쩔 수 없이 목격한 이상주의자인 의사 지망생 젊은이에 대한 연민, 그리고 인정할 수 없었던 기억들에 사로잡혀 있는 겁에 질린 퇴역 군인에 대한 연민이다."[16]

조나단 샤이는 이 변화를 다음과 같이 묘사한다. "회상은 감추어진 기억들을 의식으로 가져온다. 더 이상 그것에 의해 무력화되지 않고, 우리는 기억의 기쁨을 누릴 수 있다." 치료를 목적으로 하는 이야기는 "생존자로 하여금 파괴된 인격을 복구할 수 있게 한다."고 주장한다. 이 과정을 통해서 끔찍한 상흔들이 영예로운 상처로 전환된다. 그리고 회복탄력성이 재생된다.

---

15 Jonathan Shay, 「Achilles in Vietnam」(베트남의 아퀼레스)
16 Jack Kornfield, "Stopping the War"(전쟁 멈추기)

7

시민의 회복탄력성
- 정치적 감정 육성하기

시민의 동정심 - 보스턴과 뉴올리언스

7

"모든 사회는 상실에 대한 연민,
정의롭지 못한 것에 대한 분노,
포용적 공감을 방해하는 것들을
없애는 것에 대해 생각할 필요가 있다."[17]

보스턴은 강하다! 2013년 4월 15일 마라톤 선수들이 보스턴 마라톤의 결승점에 다가가고 있을 때 갑자기 일어난 두 번의 폭발은 생명을 앗아 갔고 도시의 자랑스러운 전통을 무너뜨렸다. 12년 전에 뉴욕에서 쌍둥이 빌딩이 파괴되었을 때처럼 테러범

---

17 Martha Nussbaum, 「Political Emotions」(정치적 감정들)

들의 메시지 역시 상징적이었다. 곧 시민의 삶이 안전하지 않다는 것이었다.

폭발 직후 군중은 자신들을 지키기 위해 폭발물이 터진 곳을 피해 멀리 달아나지 않았다. 연민의 정으로 보스턴 시내 곳곳에서 대혼란이 일어나고 있는 곳으로 모여들었다. 그들은 피를 흘리고 있는 팔다리를 지혈하기 위해 임시변통의 지혈대를 대고, 희생자들을 서둘러 구급차와 병원으로 데리고 갔다. 시민들의 이러한 용기 있는 행동 덕분으로 많은 사람이 생명을 구했다. 보스턴시가 지니고 있는 회복탄력성에 힘입어 보스턴시는 즉시 회복 운동을 시작했다. 곧바로 "보스턴은 강하다!"라고 결속하는 외침이 폭력에 대항해서 일어났다.

정확히 1년 후 보스턴시의 전 시민들은 기념식이 진행되는 중에 일어나서 잠시 침묵했다. 사망한 사람들의 기념비에, 그리고 그날 입었던 심각한 부상으로 고통받고 있는 사람들에게 경례를 하며 도시는 무의미한 폭력 행위를 공유된 비극으로 변형시켰다. 사건을 둘러싼 무시무시한 경험들은 잊히거나 부정되지 않고, 앞으로 전진할 것이라는 결의로 존중되었다. 시민의 구호(보스턴은 강하다!)는 이 폭력이 승리하지 못할 것이라는 도시의 결의를 선포하면서 게시판과 티셔츠에 새겨졌다. 생존자들은 이 도시와 국가의 지원과 동정심(시민 회복탄력성)으로 빠르게 회복되었다.

정치적 감정들

우리는 흔히 감정을 개인적인 삶과 연결시키고 정치를 주로 공적인 영역으로만 본다. 그러나 인정받지 못하거나 교묘하게 다루어지는 감정들이 정치적 삶에 원동력이 된다는 것을 우리는 알고 있다. 철학자 마사 누스바움Martha Nussbaum은 인간의 느낌이 갖는 힘에 대해 좀 더 너그러운 비전을 제시하는 데 주도적인 역할을 한 설계자다. 그녀는 윤리적이고 영적인 삶에 있어서의 감정의 역할을 탐구했다. 그녀는 여러 분야(철학·심리학·윤리학·신경 과학)에서 감정의 역할에 대해 새로운 관심을 갖게 하는 업적을 남겼다. 그녀는 「Political Emotions」(정치적 감정들)이라는 저서에서 "사랑은 정의를 실천하는 데 중요하다"는 전제로 방법들을 탐구했다.

누스바움은 자신이 말하고자 하는 바를 다음과 같이 명시하고 있다. "우리가 마음속에 그리고 있는 국가들은 정의를 열망한다. 국가는 좋은 정치를 하도록 동기를 부여하고 정치적으로 안정되기를 바라면서 감정이 어떻게 그들이 추진하는 일에 도움이 되는지 이해하기를 원한다. 국가는 또한 자신의 노력을 좌절시킬지도 모르는 감정을 방해하거나 적어도 통제하기를 원한다."

누스바움의 주장에서 역사적 배경은 중요하다. 수 세기 동안 유럽 사회는 국가의 유익을 위해 애국적인 자기-희생을 하도록 시민들에게 동기를 부여했다. 그 덕목(특히 이타적인 사랑과 동정)은 토착 그리스도교 신앙에 바탕을 둔 것이다. 또한 이러한 정교일치(종교와 정치의 일치; 유럽 역사에서 그리스도교 국가에서 실시된)는 비그리스도인들을 향한 편협함과 폭력으로 나타났고, 그것은 부정적인 영향을 미쳤다.

현대 세속 사회에서 지도자들은 시민들에게 이타주의와 동정심을 유발하기 위해 노골적으로 종교적 이상을 끌어들이기를 꺼려한다. 그러나 누스바움은 그러한 이상들에 대한 인본주의적 투자가 시민들로 하여금 헌신하게 하고 대중의 동정심을 지원한다고 주장한다. 그녀는 정의에 대한 공식적인 법률 제정과 이성적인 호소만이 시민의 덕목에 충분한 동기를 부여하는 것이 아니라고 인정한다. "도덕적 감성은… 그 자체로 제시된 추상적인 원칙들을 단순히 수용하지 않는다." 정의로운 사회를 만들고 지키는 더 깊은 동기는 감정에서 나와야 한다. 구체적으로 이는 "마음을 원칙으로 이끌고 가끔은 그 원칙들이 내재되어 있는 상징·기억·시·이야기 또는 음악에 규칙적으로 호소하는 것을 의미할 것"이다.

그 구성원들이 똑같이 존엄하다는 신념을 지지하고 지켜 나갈 때 민주 사회는 번창한다. 그러나 법률의 엄격함과 정의를 수호하라는 명령은 이 요구를 떠받치기에 충분하지 않다. 법은 연민의 정과 이타적 돌봄이 동반되어야 한다. 누스바움은 현대 사회에서 종교적 믿음의 힘이 약화될 때 시민의 연민이라는 더 강한 세속적 수단이 요구될 것이라고 주장한다.

정치적 감정과 시민의 회복탄력성

에이브러햄 링컨은 게티즈버그 연설에서 국가가 처한 심각한 위기의 때에 회복탄력성의 필요성에 대해서 이야기했다. 그는 청중에게 시민전쟁은 "이 국가가… 오래 견딜 수 있는가에 대한 시험"이라고 상기시킨다. 그는 "위대한 과업(국가의 회복탄력성에 대한 도전)이 우리 앞에 놓여 있다는 것"을 인정했다. "이곳에 모인 우리는 이 전사자들의 죽음을 헛되지 않게 해야 한다는 것을 굳게 결의한다."고 선언했다. 링컨은 이 연설에서 시민들을 성스러운 사람으로 바꾸는 비법을 사용했다. 그는 되풀이하여 국립묘지를 '봉헌', '신성화'라는 성스러운 개념으로 바꾸었다. 링컨은 그리스도교 신앙을 명확하게 언급하지 않으면서 시민 의식이기도 하고 영적 의식이기도 한 민족의식을 가볍게 두드렸다. 대통령의 연설은 이 공적 공간을 거룩히 하는 데 도움을 주었다.

애국심이라는 미덕은 보이지 않는 실제에 개인적인 헌신을 이끌어 낸다. 이 헌신은 국가의 안녕을 위해 희생하려는 우리의 의지를 강화시키면서 개인의 관심과 지역의 관심을 뛰어넘도록 이끈다. 이야기·상징·의식들이 시민들이 갖는 이러한 감정의 근원에 놓여 있다. 누스바움은 "애국심은 국가의 다채로운 과거의 이야기를 통해 헌신하고 충성하도록 한다. 이는 또한 전형적으로 여전히 불확실하게 놓여 있는 미래에 초점을 맞춘다."고 말한다. 그녀는 국가의 정체성을 '영적 원리'로 이야기한 프랑스 철학자 에른스트 르낭Ernst Renan의 말을 인용한다. 이러한 영적 원리는 "대개는 역경과 고난의 이야기인 과거의 이야기와 그다음 미래에 대한 헌신, 함께 살고 공동의 목표를 위해 역경에 맞서려는 의지"를 포함한다. 그녀는 "과거의 이야기가 미래에 무엇을 위해 싸울 가치가 있는지 사람들에게 말해 주어야 하기 때문에 과거와 미래는 서로 연결된다."고 덧붙인다.

시민의 슬퍼하기와 대중 예술

진정한 민주 사회의 시민들은 갈등과 화해의 필요성 모두를 경험할 것이다. 민주주의의 이러한 측면에 역동적으로 응답하는 것이 시민의 슬퍼하기다. 국가는 시민의 상처를 치유해야 하는 도전에 직면한다. 워싱턴에 있는 에이브러햄 링컨 상像은 미국이 시민전쟁이라는 재앙을 겪는 동안 대통령으로서 발휘한 링컨의 지도력을 후세에 전한다. 여기서 그는 큰 승리를 거둔 영웅의 자세로 기억되는 것이 아니라, 자기-파괴로 인한 온 국민의 슬픔을 경험하는 몸을 숙인 겸손한 지도자로 기억된다. 시민의 예술은 "전쟁은 우리 모두가 짊어져야 하고, 어떻게든 대처해야 하고, 궁극적으로 우리 뒤에 놓여 있는 짐이며 비극으로 받아들여야 한다는 것을 엄숙하게 상기시켜 주는 것"으로 그 자신의 역할을 한다(Nussbaum).

 베트남 전쟁이 끝난 후 미국 사람들은 전쟁의 합법성에 대한 지속적인 논란에도 불구하고, 다시 국가의 고통에 경의를 표했다. 이는 또 하나의 도전이었다. 21세의 아시아계 미국인 예술가가 제출한 디자인이 채택되었던 것이다. 군인 영웅들이 늠름하게 무기를 들고 있는 인물로 표현된 이전과 달리, 마야 린Maya Lin은 전쟁에서 죽은 사람들의 이름이 새겨진 짙은 검은색 돌벽을 사용했다. 그 돌벽은 완만한 언덕에 세워졌다. 방문객들은 지하실 안으로 들어가는 것처럼 걸어서 내려가 현장에 접근한다. 그러나 공간 그 자체는 무덤 같지 않고 열려 있다. 이름들이 새겨진 벽은 빛을 반사하는 돌로 만들어져 친구나 친척의 이름을 가까이에서 살펴보는 방문객들은 반사된 자신의 얼굴을 보게 된다. 이제 기억과 슬픔의 순간에 정체성들이 뒤섞여 동일하게 된다. 군중 속에서 참석한 사람들이 서로 편안하게 섞여 있을 때에도 그곳은 지극히 개인적이다. 오늘날 그 기념관은 미국이 베트남에 개입한 것이 합법한지에 대해 상반된 의견을 갖고 있는 사람들도 함께하는, 그리고 잃어버린 사랑하는 사람들의 죽음을 공적으로 기릴 수 있는 이 세상에서의 성역 역할을 한다.

뉴올리언스: 상처 입은 도시에서의 회복탄력성

2005년 8월 29일 오후 1시 30분 허리케인 카트리나가 뉴올리언스를 강타했다. 이틀 동안 도시를 보호하는 제방들이 곳곳에서 무너졌다. 도시의 가옥과 건물 80%가 물에 잠겼다. 도심권에서 1600명이 사망했다. 수천 명이 도시를 탈출했는데 그들 가운데 많은 사람들이 다시 돌아오지 못했다. 학교와 병원들이 문을 닫았고, 행정 업무는 마비되었다. 공무원들은 주민들과 사업주들에게 집으로 돌아오려면 두 달이나 세 달 정도 걸릴 거라고 말했다. 도시 전역에서 일어난 재난으로 많은 주민들이 집으로 돌아갈 수 있을지 난감해했다. 지역, 주, 연방 정부 사이에 협조가 이루어지지 않아, 주민들의 고통이 더 가중되었다. 혼돈과 도시의 앞날에 대한 불확실성이 가정, 직장, 이웃, 그리고 아이들의 학교에 대한 불안을 더 깊게 했다. 도시의 회복(이러한 재해에 대처하는 도시의 회복탄력성)은 불확실해졌다.

이 엄청난 홍수에서 비롯된 지역 정치와 경제 활동의 심각한 붕괴로 인해 '새로운 뉴올리언스'new New Orleans를 재건하려고 경쟁적으로 뛰어들었다. 그로 인해 일시적인 진공 상태 같은 혼돈의 상황으로 빠져들었다. 그러나 개혁 의지를 지닌 많은 시민들이 혼란스러워하는 가운데서도 이 위기를 더 나은 도시를 다시 세우는 역사적인 기회로 인식했다.

복구를 위한 노력은 10월에 뉴올리언스 재건 위원단Bring New Orleans Back Commission을 설립하면서 시작되었다. 이 위원회 안에 시 당국에 특별히 초점을 맞춘 주 정부 실천 위원회Government Effectiveness Committee가 발족되었다. 사회 과학자 마이클 카원Michael Cowan도 이 위원회의 다른 회원들과 함께했는데, 이 위원회는 가장 절실하게 변화를 기다리는 시민 단체의 견해를 반영했다. 그리고 이 시민 단체는 시 당국을 부패하게 만들고 기능을 제대로 하지 못하는 사람들과 더불어 오래된 부패와 역기능의 '규정'을 척결하고 더 정의롭고 투명한 제도를 만들어 나갔다.

허리케인 카트리나 직후에 겪은 극도의 정치·경제적 혼란 상태에서 위원회 회원들이 전략적으로 아이디어를 짜냈다. 그들은 지금 당장 뉴올리언스의 시민들이 홍수로 잃어버린 것이나 손상을 입은 것을 단순히 복구하는 것이 아니라, 그보다는 "시 당국의 구조, 정책, 운용 체계를 근본적으로 개혁함으로써 모든 사람들의 더 큰 유익을 위해 일할 수 있는 시 당국을 다시 만드는" 것이었다(Cowan).

주 정부 실천 위원회는 낭비와 부정부패를 막는 데 성공한 다른 도시들에 있는 최상의 관행들을 재검토하는 것으로 이 작업을 시작했다. 외부에서 참여한 한 고문은 다른 도시들이 운영하고 있는 감찰감실Office of Inspector General을 제안했는데, 이 감찰감실은 독립적으로 그리고 효율적으로 비평할 수 있고 시 당국 안에 부패한 단체의 개혁을 요구할 수 있었다.

동시에 마이클 카원은 공익, '즉 시민 사회 그룹(비영리 그리고 믿음에 기반을 둔)은 모든 사람들을 위한 더 좋은 뉴올리언스의 재건에 관해 인종, 계층 그리고 종교의 구분을 넘어서는 합의점을 찾고자 헌신하는 조직인' 시민 이익 단체를 만들었다. 허리케인 이후 뉴올리언스의 모든 것이 파괴된 이래로 한 기관이 다룰 수 있는 것보다 훨씬 더 많은 문제들이 관심을 끌었다. 공익 단체가 준비한 전략은 다양한 종교 지도자들과 시민 지도자들 그룹이 모든 사람들의 유익을 위해 우선적으로 도시를 재건하는 것을 목표로 정하고, 정책을 시행하는 데 있어 정부와 사업 지도자들과 함께한다는 것이었다. 이렇게 우선순위를 정한 것은 지역 연구에서 온 것이고, 국가 차원에서 행해진 최상의 관행들에 기초한 것이었다.

다음 단계는 감찰감실을 이끌 수 있는 사람을 선발할 7인의 윤리 심의 위원회Ethics Review Board의 설립이었다. 예전에 이런 (공동선을 위한) 윤리 위원회는 운용된 적이 없었지만 이 위원회를 요청할 수 있다는 것을 공익은 뉴올리언스 시 헌장을 통해 알게 되었다. 그다음 공익 단체 회원들은 이 감찰감실이 내부의 정치적 영향력에서 자유롭기 위해 감찰감실을 위한 보증기금을 허가하는 시 인가서에 대한 수정안을 공식화하는 작업을 했다.

마이클 카원은 허리케인 카트리나 이래로 10여 년에 걸친 이러한 재건 노력을 되돌아보면서 "이 감찰감실을 백인들이 흑인 정치인들을 견제하려는 수단으로 이용하면서 불법화하려는 지속적인 시도도 있었다. 그럼에도 불구하고 인종, 계층 그리고 지역을 넘어서는 여론의 폭넓은 의식으로 낭비와 부정, 남용을 자행한 뉴올리언스 시 당국의 역사를 끊는 데 이 감찰감실이 효과적으로 작용했다는 것을" 인정한다. 감찰감실은 시 역사상 처음으로 시 행정부, 사법 당국, 그리고 시민들이 그들의 공적 자원들을 관리하는 데 책임이 있는 선출된 임원과 임명된 임원을 평가하는 투명성 지수를 만듦으로써 이러한 인식에 기여했다. 감찰감실은 거의 대부분의 사람들이 상상도 할 수 없었던 것을 해냈다. 파괴적인 폭풍을 겪기 전에는 아무도 이룰 수 없었던 일을 해낸 것이다. 감찰감실은 선출되고 임명된 공무원들에 의해 저질러지는 낭비와 부정, 남용을 효과적으로 감시했다. 그리고 개인의 이익을 위해 위험을 무릅쓰고 관공서를 악용하려는 사람들을 시기적절하게 감시하고 공개적으로 더 쉽게 드러날 수 있게 했다.

성문에서의 공정

또한 공익 단체 회원들은 좋은 공공 기관이 민주주의와 세속의 정의를 수호하고 공적 자원들을 책임 있게 잘 관리해야 한다는 것을 알고 있었다. 이것은 종교적인 책무와 관련이 있다. 따라서 공익 단체는 시 기관에 정의를 확립하기 위해 시민의 대화 속에 유대 예언자의 명령을 도입하였다. 기원적 760년경 예언자 아모스는 도시 성문을 통제했던 부패한 세금 징수원들을 고발하였다. "정녕 나는 너희의 죄가 얼마나 많고 너희의 죄악이 얼마나 큰지 알고 있다. 너희는 의인을 괴롭히고 뇌물을 받으며 빈곤한 이들을 성문에서 밀쳐 내었다. …너희는 악을 미워하고 선을 사랑하며 성문에서 공정을 세워라."(아모 5,12-15)

성문에 공정을 세우는 것은 합법적이고 공정하고 효율적인 공공 기관(형사 사법 제도를 포함하지만 그에 국한되지 않는)을 만드는 것을 의미한다. 더 빈곤한 도시의 시민들은 이러한 개혁으로 인해 생존권 투쟁을 했던 것에서 경제적인 기회를 누릴 수 있게 되었다. 즐기는 것과 해야 하는 것 사이의 차이를 두드러지게 한다. 전반적으로 공공 기관에서 중요한 것은 공공의 안전에 대한 신뢰다. 이러한 '성문에서의 공정'에 대한 성경의 호소에서 유대-그리스도인의 사회적 가치들은 시민 회복탄력성 작업에 동기를 부여하는 제2의 언어가 된다.

사회의 변화는 그들의 사회에서 일어나고 있는 어떤 것으로 인해 혼란스러워하며 불안해하는 사람들에 의해서 촉발된다. 그들이 필요하다고 생각하는 요소들이 없을 때에도 그렇다. '성문에서 공정을 세우라'는 성경의 예언자 아모스의 명령처럼 예언서들은 시민들에게 그들의 사회에 정의와 자비를 추구하라고 권한을 부여한다. 예언서들은 정치적 책임과 사회 정의를 이루려는 궁극적인 목표를 그들에게 상기시킴으로써 종교적으로 지향하는 관계자들에게 동기를 부여한다. 이러한 성경 말씀들은 인간이 역사 안에서 정의를 세우라는 계약을 통해 주어진 책임을 하느님과 함께 공유한다는 것을 이야기하고 있다.

개인과 시민 그룹들 모두에게 있어 회복탄력성의 힘은 내적 자원과 외적 자원 모두에 의존한다. 허리케인 카트리나 때문에 부패하고 제 역할을 하지 못하는 도시의 '시민 질서'가 붕괴되었다. 그로 인해 그때까지 이러한 기관에 참여하지 못한 개혁 의지를 지닌 시민들이 전면에 나서게 되었다. 도시 안에는 도시 회복에 한 역할을 하기 위해 앞으로 나아갈 재능과 의욕을 지닌, 시민이라는 내적 자원들이 있었다. 이 시민들은 그들이 갖고 있지 않은 기능이 요구된다는 것을 알고 있었다. 이를 염두에 두면서 그들은 감찰감실의 설립을 제안했던 외부의 자문 위원에게 조언을 구했다. 이러한 외적 자원의 존재와 행동은 도시에서는 부족한 통찰력을 제공해 주었다. 종합해 보면, 이 새로운 자원들은 힘의 균형을 깨고 도시를 회복탄력성이 있는 회복의 길로 인도했다.

시민의 회복탄력성 측정하기: 보스턴과 뉴올리언스

보스턴 마라톤에서의 폭발 사고를 통해 테러리스트들은 도시의 자존심을 공격했고 도시의 취약성을 드러나게 했다. 이 외상은 강렬했지만 짧았다. 위험은 극심했지만 제한적이었다. 가장 많은 피해를 입은 한 민간단체는 다름아닌 오랜 전통의 마라톤협의회였다. 그런데 그 마라톤 대회는 그 도시의 자존심에 중요한 요소였던 반면, 도시 일상의 기능에 있어서는 지엽적인 것이었다. 보스턴 시민들은 즉각적으로 응답했으며 그들은 부상당한 시민들과 상처 입은 자존심을 치유하기 위해 도시를 결속시켰다.

　뉴올리언스에서의 허리케인 카트리나는 더 큰 충격을 주었고 더 심각하게 파괴했다. 수천 명의 시민들이 피해를 입었다. 특히 가난한 사람들이 더 큰 피해를 입었다. 역설적으로 엄청난 재앙은 시 정부의 역기능을 드러냈고, 개혁의 길을 열어 주었다. 위에서 언급한 행동들을 바탕으로 한 이 개혁이 이제 제대로 시작되었다. 재건의 과정들이 더 진척되면서 그들은 '회복탄력성'이라는 용어를 자신 있게 사용할 수 있게 되었다.

8

고통에서의 회복탄력성

외상과 비극 – 치료 없는 치유

8

"주님, 깊은 곳에서 당신께 부르짖습니다.
주님, 제 소리를 들으소서."(시편 130,1-2)

아픔이 뼈에, 힘줄에, 그리고 신경 조직에 스며든다. 신체의 경보를 공개적으로 알려 주는 보편적인 경험으로서 아픔은 결코 국경을 고려하지 않는다. 고통은 아픔에 대한 정신의 반응이다. 여기서 문화는 중요한 역할을 한다. 문화는 피할 수 없는 아픔과 상실을 통해 우리를 안내하는 용기의 이야기들, 자기-희생의 대본들, 회복탄력성의 모델들을 만들어 낸다. 어떤 문화는 금욕적인 평정을 지시할 수 있다. 또 다른 문화는 깊이 비탄에 잠기도록 권하거나 처방전 약을 조제해 줄 것이다. 이러한 다양한 전략들을 통해 문화는 불안과 고뇌를 이해하려고 한다. 의미와 목적을 가지고 고통을 탐구함으로써 문화는 개인의 회복탄력성을 지원한다.

 종교 전통들 역시 고통을 이해하려고 애쓴다. 석가모니상에서 보이는 평온한 모습은 하나의 종교의 길을 알려 준다. 모든 상실을 극적으로 표현하는 자기-몰두와 불안을 해방시킴으로써 우리는 아픔의 사슬을 풀고 고통은 용해되기 시작한다. 십자가상의 예수님께서는 고통이 삶의 줄거리 가운데 일부라는 또 다른 말씀을 하신다. 유한한 인간과 덧없는 이상에 자신을 맡길 때 우리는 틀림없이 슬퍼하게 될 것이다. 그러나 삶 안에는 우리의 생명을 바쳐서라도 어떤 가치를 보호하기 위해 고통을 받을 만한 가치가 있음을 알게 된다. 그러므로 고통은 헌신적으로 삶을 살아갈 때 늘 따라오는 것이다. 종교와 문화 둘 다 고통을 완화시키고 회복탄력성을 형성하는 훈련을 통해 우리를 지원하려고 애쓴다. 성경의 전통은 삶과 죽음, 잃음과 얻음, 고통과 구원의 이야기들을 담고 있다. 이러한 이야기들 안에서 자신을 발견할 수 있을 때 회복탄력성에 대한 우리의 능력은 확장된다.

 유대인 강제 수용소에서 겪은 부모와 다른 생존자들의 경험을 묘사하면서 에바 호프만Eva Hoffman은 고통을 이해하는 실마리를 제공한다. 그녀는 비극과 외상을 구분한다. "비극적인 투쟁은 윤리적인 고뇌를 수반하지만 정체성과 손상되지 않은 존엄성을 남긴다." 이러한 의미에서 십자가상 예수님의 고통은 비극이다. 경험 그 자체는 끔찍하지만, 그 영은 손상되지 않았다.

에바 호프만의 외상 경험은 다르다. "외상은 정신이 받아들일 수 있는 용량을 초과하는 고통이다. 이 고통은 자신을 더 이상 망가뜨릴 수 없을 때까지 혼을 얽히게 한다. 또한 살을 에는 듯이 날카로워져 자기^{self}의 온전함을 붕괴시킨다." 외상은 개인의 정체성과 존엄성을 산산조각 낸다. 외상이 만들어 내는 고통은 참을 수가 없고, 그래서 그것이 일으키는 슬픔은 삶을 파괴한다. 오늘날의 경험을 살펴보면, 정신적 외상 후 스트레스 장애로 괴롭힘을 당한 사람들의 고통은 영을 부수고 한 개인의 회복탄력성을 약화시키는 고통을 반영한다.

에바 호프만은 그녀의 부모가 강제 수용소에서 견디어 낸 고통과 그녀에게 전해진 상처를 탐구한다. 이 재앙을 겪는 동안 친척 대부분을 잃고 미국으로 건너온 그녀의 부모는 그러한 경험을 겪는 동안에 견디어 낸 외상의 슬픔을 간직한 채 살아갔다. "그들이 남겨 준 유산은 처리되지 않은 굴복한 과거가 아닌 심각한 고통의 자국, 슬픔과 상실의 파편화된 자국들이었다." 호프만의 과제는 물려받은 이러한 외상을 의식적으로 슬퍼하는 비극으로 전환하는 것이었다. 그때 고통은 무시무시한 것이 될 수도 있지만, 그녀 개인의 회복탄력성을 파괴하지는 못할 것이다.

에바 호프만은 깊이 생각하면서 "고통이 어떻게 견딜 수 없는 것에서 견딜 수 있는 것으로 바뀔 수 있을까?"라고 질문한다. 그녀의 잠정적인 대답은 다음과 같다. "함께한 고통, 존중받은 고통은 참을 수 있는 고통이 된다." 나눔과 존중받는 환경에서 '잊혀진' 슬픔을 대면하려는 노력이 시작될 수 있다. 고통을 말함으로써, 예술과 전례를 통한 표현법을 찾음으로써 인간은 자신의 슬픔을 받아들일 수 있고 완화시킬 수 있다.

고통을 이야기하기 – '아니요'라고 말하기, '예'라고 말하기

세상에서 겪는 많은 고통은 인간에 의한 것이다. 인간이 겪는 아픔과 고통의 대부분은 "인간 삶의 바로 그 구조로 인한, 또는 어떤 신비적인 자연의 필요에 의한 것이 아니다. 그것은 무지, 탐욕, 악의, 그리고 다양한 다른 정의롭지 못한 방식들로 인한 것이다."(Nussbaum) 그러한 고통에 대해 우리는 '아니요'라고 말해야 한다. 이러한 거부는 신학자 에드워드 쉴레벡스Edward Schillebeeckx가 "저항을 불러일으키는 정의롭지 못한 것과 억압, 고통에 대한 경험과 적극적인 변화를 향한 윤리적인 긴박한 요청"이라고 부른 것을 인식하면서 시작된다. 이러한 부정적인 경험들은 정의롭지 못한 것에 대한 분노와 더 나은 어떤 것에 대한 희망을 불러일으킨다.

단순히 고통이 존재한다는 것을 부인할 때 고통에 '아니요'라고 말하려는 유혹이 생긴다. 그러나 이러한 '아니요'라는 침묵은 고통을 줄이지 못한다. 조국에서 일어난 문화 혁명의 쓰디쓴 결과들을 숙고하면서, 한 중국인 학자는 지난 세월의 외상들을 인정하지 않고 단순히 참기만 할 때 그것들은 "활력 부족으로 몸에 침전되고 냉소주의로 마음에 자리를 잡는다."고 결론짓는다. 고통받는 사람들은 그들이 겪은 과거의 고통에 대한 공포를 잊으려고 애쓰지만, 그들의 몸이 기억한다. 거부된 슬픔은 몸으로 스며들어 자신의 때를 기다리다 신체적인 증상으로 가장하여 표면으로 다시 떠오른다.

지혜와 회복탄력성은 삶 속으로 고통을 받아들이는 힘을 분별할 때 생긴다. 정의롭지 못한 것 때문에 생긴 고통에 우리는 '아니요'라고 말하도록 불림을 받는다. 그러나 다른 고통(임종하는 친구에 대한 애정 또는 논란의 여지가 있는 원인에 대해 적극적으로 지지하는 것)은 '예' 하도록 우리를 초대한다. 여기에 속 빈 평정과 교환하지 말아야 하는 고뇌가 있다.

시민의 고통: 내전을 슬퍼하기

역사학자 드루 길핀 파우스트Drew Gilpin Faust는 19세기 미국에서 일어난 내전으로 인한 전국의 수많은 사람들의 부상과 죽음에 문화가 어떻게 응답하는지를 추적했다. 이 전쟁 이전에 미국인들은 죽음을 노화와 관련지어 생각했다. 임종자는 집에서 가족들이 둘러싼 가운데 죽음을 맞이했다. 그러나 이 전쟁은 엄청난 변화를 가져왔다. "19세기 중엽에 미국은 죽음과의 새로운 관계를 시작했다."

파우스트는 이 국가 차원의 전쟁이 일어나는 동안 생긴, 그녀가 묘사한 '죽음의 작업'을 분석했다. 전장에서 엄청난 목숨을 앗아간 전쟁은 재구성이 필요했다. "너무나 엄청난 고통은 초월적인 목적이 있어야만 했다." 이 죽음은 자신의 푸른 국가의 미래를 지지하면서 바쳐진 궁극적인 희생으로 기려져야 했다. 실제적으로 그리고 상징적으로 감동받은 국가는 죽은 사람들을 슬퍼하고 존중할 수 있는 방법들을 모색했다.

예를 들어, 북부의 입법자들은 전사자들에게 존경을 표하기 위해 공공 의식 장소로 74개의 국립묘지를 만들었다. 이러한 국가 차원의 슬픔을 표현하는 것은 평등주의의 성격을 띠었다. "게티즈버그(가장 참혹한 전쟁들 가운데 한 곳)에 있는 묘지는 평등하게 똑같이 배열되었다." 이 사회적 공간에서 국가는 죽음의 민주주의를 증명했다.

더 실제적인 차원에서 사회는 수천 명의 시신을 묻기 위해 고향으로 이송해야 하는 어려움에 직면하였다. 이 어려움에 대처하기 위해서 관의 대량 생산, 방부제 처리를 하는 의술 행위, 장례 산업 등 새로운 산업이 생겨났다.

파우스트는 결론을 맺는다. "전쟁으로 인해 엄청난 인적 손실을 치르면서 우리는 국가의 운명에 대한 새로운 인식, 곧 생명이 숭고한 목적을 위해 희생되었다는 것을 확실하게 알게 되었다." 국립묘지와 관련된 이러한 상징적인 행위들은 내전의 외상을 국가 역사 안에 유감스럽고도 비극적인 사건으로 변형시키는 데 도움을 주었다.

고통에서의 회복탄력성: 취약성

크고 작은 고통은 회복탄력성을 시험한다. 고통이 낳은 아픔과 슬픔은 우리의 자신감을 산산이 부수고, 결심을 흔들리게 하고, 주의 깊게 이루어 놓은 마음의 평정을 흐트러뜨린다. 우리는 어떻게 이러한 곤경에서 생존할 수 있을까? 고통은 우리의 취약성을 직면하게 하고, 우리의 상실을 슬퍼하게 한다.

취약성은 종종 부담거리로 나타난다. 취약하게 된다는 것은 손상과 모욕에 자신을 개방하는 것일 수 있고, 다른 사람들이 우리의 약함을 이용하도록 부추길 수 있다. 군인의 취약성은 치명적일 수 있다. 정치가가 보여 주는 취약성은 다음 선거에서 패배로 이어질 수 있다. 우리는 세상에 강한 면을 보여 주도록 배운다. 그리고 잘 방어해서 마음의 평정을 찾고 유지하도록 배운다. 문화와 종교 유산 모두에 스며 있는 스토아학파의 전통은 감정적으로 상처 입지 않도록 매진하라고 한다. 로마 황제이자 스토아학파 철학자인 마르쿠스 아우렐리우스Marcus Aurelius는 "분노는 슬픔만큼이나 거의 똑같이 약한 것"이라고 여겼다. 슬픔을 **여자에게 더 어울리는** 감정으로 헐뜯었다. 다시 말해 상실의 실제를 용기 있게 받아들이지 못하고 겁에 질려 거부했다. 그때나 지금이나 스토아학파 철학자들에게 이러한 감정적인 취약성은 전혀 도움이 되지 않는 것이다.

그러나 우리 문화 안에서 그리고 성경의 유산 어느 곳에서나 취약성은 성격상의 강점, 즉 인간 삶에서 피할 수 없는 상실들을 경험하도록 자신을 허용할 수 있는 능력으로 귀하게 여겨졌다. 우리는 다년간 방어적인 거부를 한 후 마침내 익명의 알코올 중독자 모임Alcoholics Anonymous에 가입한 사람들에게서 이러한 취약성을 본다. 몇 십 년 전에 고통을 받았고 지금까지 망각 속에

묻어 둔 성적 학대를 이제는 기꺼이 인정하는 어느 중년에게서, 그리고 여전히 의식에 끈질기게 접근하는 공포를 마침내 인정한 분쟁 지역에서 돌아온 군인에게서 이러한 취약성을 본다.

엄청난 고통의 시기에 결핍으로 인해 슬픔, 분노, 비난의 목소리를 높이게 될 것이다. 이렇게 표현을 한다는 것은 침묵의 고통이 변형되는 순간이라고 할 수 있다. 우리는 서서히 이러한 불가피한 슬픔이 주는 은총을 어렴풋이 보게 된다. 슬픔은 유익한 감정이며 신뢰할 수 없는 시기를 통과하도록 우리를 안내하는 필요한 덕이다. 슬픔이 우리를 비탄으로 몸부림치게 하고 비록 통렬하지만 그것은 정화의 효과가 있다. 마침내 슬픔의 에너지는 우리를 미래, 곧 미지의 세계지만 하느님 언약으로 가득 찬 미래로 향하게 한다.

슬픔은 비탄의 표현들을 통해 펼쳐진다. 히브리 성경 전반에서 우리는 사람들의 비탄을 거듭해서 읽는다. "나는 내 생명이 메스꺼워 내 위에 탄식을 쏟아 놓으며 내 영혼의 쓰라림 속에서 토로하리라."(욥 10,1) "길을 지나가는 모든 이들이여 살펴보고 또 보시오. 당신의 격렬한 진노의 날에 주님께서 고통을 내리시어 내가 겪는 이 내 아픔 같은 것이 또 있는지."(애가 1,12) 고대 유대인들은 불평을 이러한 기도 형식으로 토로하면서 위로를 찾았다. 상실을 사적인 어려움에 묶어 두지 않고, 그들은 자신의 고통을 떠들썩한 기도로 바꾸었다.

캐서린 오카나Kathleen O'Connor는 이 슬퍼하는 의식이 지닌 역설적인 힘을 분석한다.

> 비탄은 마음을 찢고 절망에 빠지도록 하지만, 역설적으로 고통을 반영함으로써 괴로워하는 사람들을 위로하고 치유의 길을 열게 한다. 그것은 고통받는 사람들의 존엄성을 인정하고 눈물을 흘리게 하며 버림받은 경험을 극복할 수 있게 한다.

캐서린 오카나는 '고통을 반영하는 것'에 대해 숙고한다. 우리가 동정심을 갖고 곤경에 처한 사람과 함께하는 것은 우리가 친교를 통해 그들이 자신의 고통을 볼 수 있게 하는 일종의 거울을 제공하는 것이다. 우리 존재는 그들이 겪는 슬픔에 대해 '반영해 주는' 역할을 할 수 있다. 우리가 그들이 겪는 고통의 한복판에서 우정을 나눌 때 우리는 그들의 슬픔을 표현할 수 있는 기회를 제공하는 것이다.

이 비탄은 기대하지 않은 편안한 장소에서도 들릴 수 있다. 곧 몇 십 년 전에 겪은 학대의 기억을 나누는 상담자의 사무실에서, 전쟁에서 보고 저지른 일들을 다시 이야기하는 퇴역 군인들의 모임에서, 한 친구가 이혼 절차를 밟으려는 것을 주저하면서 이야기를 나눌 때, 카페에서 커피를 마시는 가운데 들을 수 있다. 이러한 중요한 진취적인 마음을 통해 회복탄력성은 표현되고 다시 강화된다. 용기 있는 사람은 상실과 곤경을 극복하며, 그 흔적은 남아 있지만 변화되고 이전보다 더 강하게 산다.

'치료 없는 치유'

고전 그리스 희곡 「안티고네」Antigone에서 여자 주인공은 끔찍한 선택에 직면한다. 불명예스러운 동생의 시신을 매장하지 말고 그대로 두라는 왕의 명령에 순명하든지, 아니면 장례식을 치르겠다는 약속을 지키든지 선택해야 했다. 시민법을 따르거나 자신의 도덕적 본능을 따르거나 선택해야 했다. 두 선택 모두 슬픔으로 이어지는 것이다. 이 희곡에 대한 청중들의 반응을 숙고하면서 아리스토텔레스Aristotle는 연민과 두려움의 감정에 초점을 맞춘다. 그는 이러한 애처로움을 느끼게 하는 희곡의 경험을 통해 "모든 사람은 일종의 카타르시스를 느끼고 기꺼이 진심으로 함께 교화되어야 한다."고 결론을 내린다.

종교처럼 예술은 인간이 겪는 고통의 크기를 재려고 한다. 그것은 인간을 괴롭히는 계속해서 겪게 되는 곤경을 해결하지는 못하지만, 어떻게든 그 고통은 인간을 인간다워지게 한다. 그것을 통해 우리는 고통을 더 견딜 수 있게 된다. 따라서 인간 정신의 회복탄력성은 촉진된다. 마사 누스바움은 감정적 카타르시스가 극장에서나 상담 회기에서 또는 누군가의 거실에서 '치료 없는 치유'가 일어나게 한다고 주장한다. 우리 자신 안에서든 다른 사람 안에서든, 고통에 대한 연민 어린 응답을 통해 우리는 카타르시스라는 치유의 힘을 만난다. 마사 누스바움은 카타르시스에 대한 이러한 능력이 "또한 자신의 더 진실하고 깊은 차원에서 방어적인 야망이나 합리화 밑에 숨겨져 있는 헌신과 가치에 접근할 수 있게 한다."고 말한다. 이러한 '자신의 더 진실하고 깊은 차원으로의 접근'은 회복탄력성이 형성될 수 있는 굳건한 기반을 제공한다.

9

위험에서의 회복탄력성
- 통합성의 도전

소속의 위험과 통합성의 덕

9

통합성: 정직, 약속 지키기,
'말한 것을 실천'하려는 의지

통합성은 심리적인 훈련과 그리스도교 전통 모두에 있어 소중한 덕목이다. 에릭 에릭슨Erik Erikson은 심리적 통합성을 존재의 모든 것(상처를 포함한 모든 것)을 인정하는 점진적으로 발달하는 능력으로 정의한다. 다른 심리학자들은 이 덕을 다음과 같이 설명한다. "한 사람의 약함과 결점들을 이해하고 정신의 전체 속으로 받아들일 수 있는 능력이다. 이 과정은 한 사람의 진정한 자기self를 구현하도록 이끈다." 여기서 통합성은 내적인 자세, 성격상의 강점, 심지어는 개인적인 덕목으로 인식된다.

발달 심리학자들은 또한 통합성의 사회적 차원을 우리가 서로 주고받는 사람들과의 대화와 헌신을 통해 점진적으로 발달하는 성격상의 강점으로 본다. 우리가 혼자서는 성취할 수 없던 것을 성취하기 위해서는 우리의 재능을 키워 주고 우리의 약함을 견디어 내는 사람들과 동맹해야 한다. 자신의 삶과 중요한 사람들의 삶을 통합할 때 우리는 개인의 사적인 경험으로는 가능하지 않은 방식으로 성장하게 된다.

개인의 회복탄력성(우리에게 닥치는 모욕과 손상들에서 회복할 수 있는 능력)은 이러한 이중의 통합성에 대한 인식에 달려 있다. 자신의 강점과 한계들 사이에 내적인 조화로 빛이 날 때, 그리고 중요한 사람들과 안전하게 연결될 때 우리는 삶에 상처를 주는 좌절에 회복탄력적으로 더 잘 대처하게 된다.

소속의 위험: 거짓 자기

통합성과 회복탄력성 둘 다 우리가 **소속하게** 되는 우리 주변의 관계들을 통해 가다듬어진다. 그러나 우리가 가족이나 시민의 삶, 또는 믿음의 공동체 어느 곳에서든 소속될 때 위험이 따라오기도 한다. 이러한 활기를 주는 환경들은 우리를 환영하고 우리의 회복탄력성을 보강하는 식으로 우리에게 지지를 보낸다. 이러한 그룹들은 우리의 소속을 지켜 주기 위해 의도된 경고와

지침들을 제공한다. 그들의 목표는 우리가 그룹에서 '존중받는 구성원'이 되도록 도움을 주는 것이다. 우리 쪽에서는 자신의 안녕이 위태롭게 된 것을 인정하면서 소속되기를 간절히 바란다. 그리고 우리는 소속됨으로써 얻는 위로를 찾아서, 결국에는 자신의 최상의 본능으로부터 멀어지게 하는 사회적 압력에 순응하려는 유혹을 받을 수 있다. 이런 식으로 거짓 **자기**self가 나타난다. 예를 들어, 어떤 젊은이는 부모가 자신에게 열렬히 바란 의사나 변호사가 되기 위해 10년의 세월을 보낸다. 30대가 되어서야 그는 이러한 성취가 자신의 가장 깊은 소망과는 거의 무관하다는 것을 깨닫게 된다. 여기서 통합성은 그가 이러한 불일치를 인정하고(그리고 저항에 직면해서도) 새로운 길을 결정할 것을 요구한다.

사회로부터 이미 하찮은 존재로 취급받았다고 느끼는 사람들이 사회에서 오는 요구와 위로 때문에 소속하게 되는 것은 값비싼 대가를 치르게 될 가능성이 높다. '어울리기 위해' 선의로 하는 노력은 개인의 통합성을 손상시키는 거짓 자기의 출현이라는 결과를 낳는다. 앤드루 설리번Andrew Sullivan은 '열정이 이는 것을 억제하기' 위해 모든 관계를 피상적으로 유지하려는 자신의 노력을 설명하면서 이러한 노력이 요구하는 대가를 계산한다. 이는 머지않아 '감정적인 공허에 중요한 보완물이 되었던 신학상의 금욕 생활'로 이끈다.

　심리학자 다이앤 에런사프트Diane Ehrensaft는 이러한 위험스러운 전략을 다음과 같이 설명한다. "거짓 자기는 해악으로부터 자신을 보호하고 주위의 기대를 따르기 위해 진정한 자기 주변에 우리가 쌓는 층이다." 더 나아가 "그것은 …직장에서 원하는 표정을 짓는 얼굴이다. 마침내 집에 도착해서는 옷을 벗고 들떠서 떠들며 머리를 풀어 늘어뜨린다." 거짓 자기는 우리가 판단을 내리는 사회생활이라는 무대에 과감하게 자신을 맡기지 못하는 연약한 정체성을 숨기는 가면이다.

　제니퍼 피니 보일런Jennifer Finney Boylan은 거짓 자기의 짐을 지고 살아가는 자신의 노력을 이렇게 묘사한다. "나름대로 현실 사정을 최대한 활용하는 것과 거기서 빠져나오려고 애쓰는 것, 그 어느 것도 도움이 되지 못했다. 시간이 지남에 따라 그 짐은 점점 더 무거워지고 또 무거워졌다." 그리고 그러한 겉치레의 대가는 컸다. "지금 깨어 있는 매 순간마다 나는 거짓으로 살았다는 생각에 괴롭다."

　흔히 **다르다는 것**이 '일탈'을 뜻한다고 판단하면서 가족과 문화는 개인의 도덕성을 희생하고 피상적인 삶에 안주하도록 부추길 수 있다. 정직한 자기-노출을 하려는 일시적인 노력들은 강한 저항을 만나게 된다. 불행하게도 종교 그룹들은 종종 삶의 진실을 찾아가려는 사람들을 방해하는 데 동조한다. 자기 내면의 실제와 얼마나 상충되는지와 상관없이 이러한 요구들에 굴복하면서 사회가 그들에게 부과하는 역할을 수행하기 위해 애쓴다. 그러나 자신을 가장하고 이렇게 거짓 자기로 살아갈 때 엄청난 에너지를 허비하게 된다.

이런 까닭에 거짓 꾸밈이 더 이상 효과가 없을 때가 온다. 곧 많은 사람들이 시간과 에너지를 허비하고 난 후에 때가 오는데 (그리고 이는 기쁜 소식이다) 이 속임수를 계속할 때 너무도 많은 대가를 치르게 된다는 것을 깨닫게 되는 때가 온다는 것이다. 그런데 거짓 얼굴을 벗어 버릴 수 있는 힘을 발견한 많은 증인들처럼 보다 참된 자기를 받아들일 때 엄청난 자유를 누리게 된다.

위기로부터 오는 은총

더 통합된 삶(보다 큰 회복탄력성이라는 선물을 지닌)으로 가는 여정은 종종 위기에서 시작된다. 위기는 자주 삶 안으로 침입한 불행하고 위험한 것으로 묘사된다. 그러나 위기가 친근한 과거를 위협할 때라도 그것은 흔히 더 풍요로운 미래를 예보한다.

인간 성숙의 발달적 관점에서 에릭 에릭슨은 더 긍정적인 해석을 내놓는다. 곧 위기는 흔히 성장의 새로운 단계로 들어가기 위한 과정으로 불안을 동반해서 찾아온다는 것이다. 에릭슨은 "여기서 위기는 비극적 결말이 온다고 위협하는 것이 아니라 전환점, 곧 취약한 부분이 더 늘어나지만 잠재력이 더 발휘되는 중요한 시기임을 암시한다는 발달적 의미로 사용된다."고 설명한다.

통합성의 위기는 자신을 신뢰하고 싶은 마음에서 비롯된다. '내가 누구라는 것을 안다.'고 충분히 인정할 때 인간은 이러한 자기-인식을 '내가 아는 나'와 '다른 사람들이 아는 나'를 통합하려고 애쓴다. 이 위기는 심각한 불안을 야기할 수 있다. 너무 많은 것들이 위험에 처한 것처럼 보이기 때문이다. 그러나 역설적으로 이 격변 자체가 더 통합된 삶으로 이동할 수 있다는 믿음에 불을 붙인다. 그리고 앞에 놓여 있는 위험들을 알고 있지만 이 희망은 통합의 여정에 나서리라는 결심에 불을 붙인다.

우리가 이러한 위기에 직면할 때 회복탄력성은 시험대에 오른다. 만약 우리 내면의 삶이 혼란스럽다면(우리의 이상이 관습적인 행동과 모순이 되거나 만성적인 자기-의심이 결단력을 약화시켜서) 우리는 도전에 대처할 수 있도록 우리의 자원들을 결집시키는 데 어려움을 겪을 것이다. 이러한 상황에서 회복탄력성은 약화되거나 패배를 당하게 된다.

통합성의 덕

심리적 통합성은 우리가 하는 말과 행동이 일치하고, 우리가 하는 행동이 우리의 존재에 대한 내면의 의식과 일치할 때 일어나는 조화로운 상태를 말한다. 여기서 성취는 완벽함이 아니라 온전함이다. 통합성은 완벽하고 잘 방어된 자기가 아니라 우리를 진정한 자신으로 만드는 강점과 약점들, 빛과 그림자에 대한 더 깊은 인식을 수반한다. **사회적 통합성**은 자신에게 중요한 공동체에 우리가 편안하게 소속되어 지지를 통해 혜택을 얻고, 도전을 계속 잘 받아들일 때 일어나는 조화를 말한다.

바오로 사도는 통합성의 덕을 설명하기 위해 물리적인 몸의 비유를 든다. 다루기 힘든 초기 그리스도인들 사이에 조화를 호소하면서 바오로 사도는 "여러분은 그리스도의 몸이고 한 사람 한 사람이 그 지체입니다."(1코린 12,27)라고 주장한다. 몸은 많은 구성 요소들로 되어 있다. 어떤 부분은 몸 전체에 서투르게 맞춘다. 또 다른 부분은 열등해 보이거나 수치스럽기까지 하다. 평생에 걸쳐 해야 하는 도전은 통합이다. 다양한 구성원을 조화와 품위 있는 일치로 이끄는 것이다.

통합성(우리 자신의 다양한 부분을 조화롭게 하고 우리의 다양성으로 평화를 이루는)의 덕은 개인적인 도전 그 이상이다. 그리고 바오로 사도는 사회적 과업이 어떻게 성취될 수 있는지 도움을 준다. "몸의 지체 가운데에서 약하다고 여겨지는 것들이 오히려 더 요긴합니다. 우리는 몸의 지체 가운데에서 덜 소중하다고 생각하는 것들을 특별히 소중하게 감쌉니다. 또 우리의 점잖지 못한 지체들이 아주 점잖게 다루어집니다."(1코린 12,22-23) 몸의 어떤 지체도(스스로 중요하다고 하더라도) 다른 지체에 대해서 '우리는 네가 필요 없다.'고 말하지 않는다. 우리 모두는 한 몸이다! "한 지체가 고통을 겪으면 모든 지체가 함께 고통을 겪습니다. 한 지체가 영광을 받으면 모든 지체가 함께 기뻐합니다."(1코린 12,26) 여기서 바오로 사도는 사회적 몸의 통합성, 사회적 몸의 회복탄력성을 묘사하고 있는 것이다.

오늘날 많은 그리스도인들이 믿음의 공동체에서 다른 점들과 조화를 이루는 것뿐만 아니라 더 큰 사회를 계속해서 분열시키는 갈등들을 극복하려고 애쓰는 제도상의 통합성을 갈망한다. 여기서 통합성의 덕은 다른 사람들과의 분리가 아니라, 우리 자신처럼 강점과 한계를 지닌 다른 사람들과의 애착을 중심으로 하는데, 이는 개인으로서 우리가 성취할 수 있는 것을 넘어 공동의 삶을 향상시킬 수 있다. 심리학자 존 비브John Beebe는 그러한 통합성과 정의의 덕 사이의 연결 고리에 대해 언급한다. "통합성은 전체의 필요를 받아들이는 감수성을 포함한다. 곧 세상에서 다른 사람들을 돌보는 것과 우리가 다른 사람들에게 대접받고 싶은 대로 다른 사람들이 우리를 대하고 우리도 다른 사람들을 대해야 한다고 말하는 정의감을 결합시킨 윤리이다."

또한 상대적으로 나이가 더 많은 사람들은 노년기라는 삶의 단계들에 들어갈 때 개인의 통합이 지닌 또 다른 의미를 자각한다고 보고한다. 일생을 되돌아보면서 노인들은 더 큰 이야기나 전통 그리고 삶과의 풍요로운 관련성에 대해 자각하게 된다. 에릭슨은 "역사에서 인간의 존엄성과 사랑을 전해 주는 (전통들을) 만들어 덕목들을 실천해 온 먼 시대의 사람들과의 동료의식"에 대해 썼다.

그리스도인들에게 이러한 감정적이고 영적인 유대감은 '성인들의 통공'이라는 말로 표현되고 있다. 이 이미지는 고대의 이례적인 거룩한 것들의 모임에 대해 언급하는 것이 아니라, 여러 세기에 걸쳐 믿는 사람들의 광범위한 공동체, 곧 우리의 평범한 삶에서도 목격할 수 있는 풍요로운 유산에 기여하고 전수한 성인들과 죄인들의 무리에 대해 언급하는 것이다.

통합성의 덕은 마침내 우리를 다른 사람들과 연결시켜 주는 사회적인 타협들(아이들을 키우는 것, 인간 문화를 공들여 만드는 것, 가난한 사람들과 친구가 되는 것, 우리가 나누는 지구의 자원들을 돌보는 것)을 통해 세상에 알려진다. 평생에 걸쳐 우리는 재능, 상처, 자기 삶의 복잡성을 통합하면서 계속적으로 공동체 안에서 통합성의 덕을 정교하게 만들어 간다. 우리가 무시했던 것들을 환영하고 한때 소외했던 동료 신앙인들을 친구로 만들면서 말이다. 통합성의 덕은 침범할 수 없는 사생활 안에서가 아니라, 기운을 북돋우고 가끔씩 다른 사람들과 우리를 불가결하게 연결시키는 얽혀 있는 연대성을 통해 꽃을 피운다.

10

회복탄력성을 발달시키기
- 명상(마음챙김)과 유머

시간을 되찾아 잘 쓰기와 유머를 훈련하기

10

"우리가 하고 있는 것에 마음을 기울일 때
우리는 삶에 약속을 지키는 것이다."[18]

회복탄력성은 우리 삶에서 선물과 과업으로 나타난다. 우리의 면역 체계(생리학적·심리학적)는 위협에 반응하도록 우리를 준비시킨다. 그리고 이 능력은 우리의 회복탄력성을 강화하는 통상적인 행동들을 훈련할 때 향상될 수 있다. 생리학적인 회복탄력

---

[18] Thich Nhat Hanh and Lilian Cheung, 「Savor: Mindful Eating, Mindful Life」(「세이버: 당신을 구하는 붓다식 다이어트」, 틱낫한·릴리언 정 지음, 김훈 옮김, 월북, 2011)

성을 기르는 훈련들 가운데 명상(마음 챙김) 훈련과 유머 감각을 발달시키는 것이 있다.

명상은 주의를 기울이는, 우리의 의식 속을 흐르는 사고와 느낌들의 썰물과 밀물을 동정심을 갖고 관찰하는 개발되는 능력이다. 자기-연민을 동반하는 이 고요한 주의력은 더 집중하고 더 기쁘게 살도록 우리를 자유롭게 한다. 명상은 몸의 지혜라고 불릴 수 있는, 우리의 근육 골격과 신경 체계에서 일어나는 경보에 친숙해지는 것을 포함한다. 다니엘 시겔Daniel Siegel은 "몸에서 오는 경보를 받아들이는 것은 직감의 중요한 원천이 되고, 우리가 하는 추론과 삶에서의 의미를 창출해 나가는 방식에 영향을 미친다."고 말한다.

명상은 때때로 우리로 하여금 실제로 삶의 복잡하게 얽힌 연대성에서 물러날 것을 요구하는 것으로, 또는 한 가지만 지나치게 생각하는 정신적인 나르시시즘의 표현으로 잘못 해석된다. 그러나 명상은 중립적이거나 멍하게 있는 것이 아니다. "진정한 명상은 따뜻함, 동정, 관심을 고취시킨다."고 「The Mindful Way through Depression」(우울증을 통한 마음을 기울이는 길)의 저자들은 주장한다. "명상의 특성은 연대성이다. 그곳에 관심이 있고, 자연적이고 자발적인 배려가 따라온다."

명상은 우리 마음에서 작용하는 다양한 감정들을 민감하게 알아들을 수 있도록 지원한다. 따라서 명상은 회복탄력성의 본질적인 요소의 역할을 한다. 또한 자신의 기분이 변하는 것들에 대한 내적인 조율과 다른 사람들의 감정 상태에 대한 상호 조율을 지원한다. 「Savor: Mindful Eating, Mindful Life」의 저자들은 명상의 동정적인 측면을 강조한다. "우리가 마음을 기울일 때, 여기서 그리고 지금 현재의 순간에 깊이 접촉할 때, 우리는 더 이해하고 더 수용하고 더 용서하고 자신과 다른 사람들을 더 사랑하게 된다. 고통을 해소하고자 하는 우리의 열망이 커지고 우리는 기쁨과 평화를 누릴 수 있는 더 많은 기회를 갖게 된다."

명상(현재를 사는 훈련된 기술)은 우리의 삶에서 주의를 딴 데로 돌리게 하는 문화의 힘에 의해 실패로 돌아간다. 오늘날 주범은 기대이다. 그래서 우리는 늘 기계 장치에 속박되어 있으며, 우리가 자신에게 부과하는 다양한 마감 시간에 지배를 받는다. 사회 비평가 케이트 머피Kate Murphy는 "현대 사회에서 가장 많이 하는 불평들 가운데 하나는 과하게 스케줄을 잡고, 지나치게 깊이 관여하고, 과도하게 부채를 지는 것이다."고 언급한다. 명상 훈련을 할 때 우리는 주의를 빼앗고 기진맥진하게 하며 기쁨을 앗아가는 이러한 요구와 기대들을 더 잘 알아차리게 된다. 삶에서 의무와 열망의 흐름에 마음을 기울이게 될 때 우리는 **삶의 시간을 되찾고** 우리의 나날을 가볍게 해 주는 유머를 재발견하게 된다.

시간을 되찾아 잘 쓰기

에페소 신자들에게 보낸 서간에서 바오로 사도는 "시간을 잘 쓰십시오."(5,16)라고 공동체에 거듭 권고한다. 여기서 바오로 사도는 동시에 몇 가지 일을 하라고 주장하는 것이 아니다. 오히려 그는 공동체에게 소중한 날들을 정신을 산란하게 하는 낭비가 많은 것에 허비하지 말라고 권하는 것이다. 시간을 되찾아 잘 쓰는 것(스스로 만든 일을 지나치게 하고 지나치게 계획을 많이 세우는 삶으로부터 자신을 구하는 것)은 오늘날 우리 공동체에서도 여전히 어려운 일이다.

바오로 사도의 조언은 우리에게 무엇을 권하고 있는가? 우리의 처음 반응은 방어적일 수 있다. 분명 우리에게는 잘못이 없다! 시간은 우리를 둘러싸고 우리가 숨 쉬는 공기처럼 스며든다. 그리고 시간은 그 자체의 스케줄대로 움직이고 그 자체의 속도로 나아가고, 그 자체의 리듬을 가지며… 대부분 우리의 통제를 벗어난다. 우리는 삶의 시간을 바꿀 수 없다. 우리가 매일 더 많은 것을 성취하기 위해서 시간의 경로를 느리게 할 수도 없고, 지루함을 피하는 데 도움을 주기 위해 그 움직임의 속도를 더 빠르게 할 수도 없다.

게다가 직감들이 따라온다. 궁극적으로 시간은 나쁜 소식을 가져온다. 근육과 기억이 감퇴되는 조짐을 보이면서 지나가는 하루하루가 우리의 노화를 알려 준다. 시간의 궁극적인 목적지는 죽음이다. 우리가 늘 시간이 지나가는 것을 좋아하지 않는다는 것은 별로 놀랄 일이 아니다.

그리스도인으로서 우리는 시간을 되찾아 잘 쓰라는 요청을 받지만, 시간이 악한 것이어서 그런 것이 아니다. 그보다는, 삶의 이러한 측면이 우리의 가장 큰 희망을 방해하거나 왜곡할 수 있는 아주 큰 힘에 지배를 받기 때문이다. 우리 가운데 많은 사람들이 우리가 매일 이용할 수 있는 가능한 시간(우리를 몰입하게 하거나 산만하게 하는)과 의미 있는 빈 시간(에너지와 목적 없이 있게 하는)을 폄하하는 문화에 사로잡혀 있다는 것을 느낀다. 우리는 이러한 극단에서 우리를 보호하는 시대의 리듬을 확실하게 함으로써 시간을 되찾아 잘 쓰게 된다. 삶에서 의무와 열망 사이의 균형을 되찾을 때 우리는 진실로 **지금 이 순간에 몰입하는 데** 도움을 주는(동료들과 사랑하는 사람들, 그리고 자신에게) 매일의 훈련을 발달시킬 수 있다.

시간을 되찾아 잘 쓰게 될 때 우리는 과거를 선물로 바꿀 수 있다. 흔히 이렇게 할 때 우리가 묶고 있는 죄책감과 비난의 기억들을 해방시킬 수 있다. 그리고 우리는 미래에 더 많은 선물을 주게 되며 미쳐 날뛰는 듯한 부산함 속에서 쉽게 놓칠 수 있는 희망과 이상들에 다시 주의를 기울이게 된다.

성경에서 쓰인 용어는 시간을 잘 쓰려는 이러한 노력들에 통찰력을 제공한다. 두 개의 단어가 성경에 나오는 시간에 관한 어휘의 일부분이다. 바오로 사도는 '시간을 잘 쓰라'는 말에 희랍어 '카이로스'kairos를 사용했다. 이 단어는 특별한 통찰력 또는 기회의 때로, 또는 아마 취약성이 더 심해진 때로 시간을 경험하는 것을 언급한다. 따라서 마르코 복음의 시작 부분에서 우리는 알 수 있다. "때가 차서kairos 하느님의 나라가 가까이 왔다." (마르 1,15) 그리고 히브리 성경 시편 저자는 "저를 내던지지 마소서, 다 늙어 버린 이때에kairos."(시편 71,9)라고 기도한다.

다른 성경 구절에서는 시간이 더 불길한 용어 '크로노스' chronos와 밀접한 관계가 있다. 어떤 텍스트에서 이 용어는 병이나 강박 상태가 오래 지속되는 기간을 가리킨다. 그래서 예수님께서는 병으로 무거운 짐을 진 어떤 사람을 치유해 달라는 요청을 받았을 때 "이미 오래(chronos, χρόνος) 그렇게 지낸다는 것을 아시고는"(요한 5,6) "아이가 이렇게 된 지 얼마나 되었느냐?"(마르 9,21) 물으셨다. 예수님께서는 이렇게 오랜 기간chronos 동안 더러운 영에게 사로잡혀 있는 아이를 치유해 달라는 요청을 받으셨다. 오늘날 일반적으로 사용되는 영어 어법에서 더 부정적인 뉘앙스로 'chronic'(만성적인)이라는 용어가 살아 있다('만성적인 질병'이나 '만성적인 빈곤'이라는 표현처럼).

우리 삶처럼 성경에서 '카이로스'(καιρός, 기회·시각)는 결심과 통찰력, 치유의 시기와 동일시된다. 예를 들어, 몇 달 동안 심사숙고한 후 우리는 중요한 선택을 할 적절한 때가 되었음을 알아차린다. 또는 미쳐 날뛰는 와중에 우리는 살아가기에 더 평화스럽고 뜻깊은 길이 있음을 어렴풋이 보고⋯ 우리의 스케줄을 단순화하는 조치를 취할 것을 결심한다. 이러한 것들이 '카이로스'의 순간들이다.

회복탄력성: 유머 발견하기

"아브라함과 사라는 이미 나이 많은 노인들로서, 사라는 여인들에게 있는 일조차 그쳐 있었다. 그래서 사라는 속으로 웃으면서 말하였다. '이렇게 늙어 버린 나에게 무슨 육정이 일어나랴?' 그러자 주님께서 아브라함에게 말씀하셨다. '어찌하여 사라는 웃으면서⋯' 사라가 두려운 나머지 '저는 웃지 않았습니다.' 하면서 부인하자, 그분께서 '아니다. 너는 웃었다.' 하고 말씀하셨다."(창세 18,11-15 참조)

삶에서 겪는 많은 경험이 우리의 허를 찌른다. 어떤 것은 눈물을 흘리게 하지만, 우리는 흔히 웃음으로 답한다. 유머는 삶에서 상반된 것을 통합하려는 노력을 통해 생긴다. 웃음은 이해하려는 우리의 노력이 복잡성, 갈등, 조화롭지 못한 것으로 인해 물거품이 될 때 구조하러 온다.

웃음은 아이가 기뻐서 소리를 지르는 것부터 냉소적인 사람의 조롱에 이르기까지 다양한 목적을 지닌 반응이다. 기본적으로 웃음은 몸의 긴장을 풀어 주고 이완을 촉진한다. 또한 웃음은 전염이 된다. 우리는 다른 사람들 사이에 있을 때 가장 많이 웃는다. 그래서 웃음은 흔히 그룹의 구석구석으로 퍼진다. 심리학자 다처 켈트너Dacher Keltner는 "웃음은 살아 있는 그룹에 필수적인 공동 유대를 형성한다."고 견해를 밝힌다. 그리고 "웃음은 호의적으로 진가를 인정하고 함께 이해하고 있음을 알려 준다."(Born to Be Good)

유머의 생리학

웃음은 에어로빅 운동이다. "우리 뇌는 근육들이 산소를 이용하는 것처럼, 또는 자동차가 휘발유를 넣어야 움직이는 것처럼 갈등을 이용한다. 유머는 우리가 결정할, 복잡한 세상에서 즐거움을 누릴 힘을 준다." 신경 과학자 스콧 윔스Scott Weems는 덧붙인다. "또한 유머는 운동의 한 형태이며, 신체적인 격렬한 활동이 우리 몸에 도움을 주는 것과 같은 방식으로 마음을 건강하게 해 준다." 웃음은 혈관 활동을 원활하게 하고, 따라서 몸 전체에 흐르는 혈액을 늘림으로써 뭉친 곳을 풀어 준다. 웜스는 웃음이 "면역 체계 기능을 강화시키고, 관절염 환자들 안에 있는 관절 종창[19]과 관련이 있는 화학 물질을 줄여 주고, 알레르기로 고통받는 사람들이 피부염과 싸우는 데 도움을 주기도 한다."고 주장한다.

유머의 심리학

유머는 갈등을 벗어나 덕을 쌓게 한다. 부조화를 마주한 채 우리는 웃는다. 그리고 유머는 경이로움과 밀접한 관계가 있다. 농담으로 하는 말을 들으면서 우리는 어떤 결론을 기대했는데, 다른 결론으로 충격을 받는다. 그리고 이 충격이 즐겁다. 풍자적이고 역설적인 유머로 유명한 코미디언 스티븐 라이트 Steven Wright

---

19 관절 부위가 붓는 것으로, 관절 주변의 연조직(軟組織, soft tissue)에 체액(體液, fluid)이 몰리게 되는 것 – 옮긴이 주

는 상상을 뒤엎는 것이 얼마나 희열을 불러일으키는지 거듭 증명한다. 예를 들어, 스티븐 라이트는 자신이 펼친 코미디 연기에서 아름다운 조개껍데기를 많이 소장하고 있다고 태연하게 말한다. 객석에 있는 우리는 아주 멋진 견본들로 화려하게 꾸며진 그의 집 큰 방을 상상하기 시작한다. 그런데 그가 전략상 잠시 뜸을 들였다가 "나는 그것들을 세상 모든 해변에 보관해 놓았어요."라고 덧붙인다. 허를 찔린 우리는 개인 소유물이라는 우리의 개념이 자연의 제품이라는 더 후한 관점으로 파괴되면서 웃음을 터뜨린다.

웜스는 유머와 놀람 사이의 호기심을 끄는 관련성에 대한 의견을 피력한다. "놀람은 통찰력에 있어서 중요하다. 유머 또한 통찰력에 있어서 그렇다. 우리는 거짓 추측에서 생겨나는 것들로 즐거움을 얻는다." 유머를 통해 실수는 당혹스러움이 아니라, 기쁨의 원천이 된다. "우리는 실수를 발견하는 것을 즐긴다. 놀람이 행복이나 자부심처럼 근본적인 것으로서 가장 가치 있는 감정이기 때문이다." 우리가 조금 더 명상(마음 챙김)하며 살아갈 때 자신의 심각한 삶에서 유머러스한 에피소드들을 음미할 시간을 갖게 된다. 그리고 웃음으로써 우리는 시간을 되찾아 잘 쓰게 된다.

유머 없는 신앙

웃음은 그리스도교 유산에서 자신의 명예로운 장소를 거의 찾을 수 없다. 신약 성경에는 유머가 거의 없다. 그리스도를 믿는 사람으로 신앙생활을 하는 것은 자주 상당히 엄숙한 과업으로 받아들여진다. 아우구스티노의 영향을 받은 신학 비전의 핵심은 우리 각자가 죄인으로 태어났다는 학설로, 우리는 아담과 하와로부터 내려온 윤리적인 결함을 지니고 있다는 것이다. 여기에는 거의 웃을 일이 없다. 신학자 리처드 소라브지Richard Sorabji는 "고대 철학의 많은 부분이 웃음을 탐탁지 않게 여겼다. 그리고 교회 교부들도 여전히 부정적이다."고 논평한다.

자서전 「고백록」에서 아우구스티노는 유머에 대한 자신의 어려움을 설명한다. 그에게 웃음은 흔히 수치심에 의해 저당 잡혔고, 조롱과 비웃음의 형태로 찾아왔다. 그는 웃음거리가 되는 것이 두려웠다. 어머니가 돌아가셨을 때 다른 사람들이 슬픔을 표현하는 그를 보고 조소하고 비죽거릴 것이라고 두려워하면서도 눈물을 흘렸다. 그는 하느님께서 그가 계속적으로 질문하는 것을 비웃으실 것이라고 걱정하기도 했다. 아우구스티노에게 웃음은 생기를 되찾고 함께 새롭게 해 주는 매체로서의 역할을 하지 못했다. 그는 웃음이 생기를 주고 마음을 치유한다는 것을 제대로 인식하지 못한 것 같았다.

아우구스티노는 종종 하느님을 인간의 사악함에 조소로 반응하시는 분으로 상상한 성경 전통의 계승자였다. 시편 2편에서 우리는 "하늘에 좌정하신 분께서 웃으신다. 주님께서 그들을 비웃으신다."라는 말씀을 읽는다. 예언자 예레미야는 그의 적들이 그에게 자주 보여 준 조소에 관해 하느님께 불평을 한다. "당신께서 저를 압도하시고 저보다 우세하시니 제가 날마다 놀림감이 되어 모든 이에게 조롱만 받습니다."(예레 20,7) 그리고 아우구스티노가 두려워했던 것처럼 웃음은 오늘날 조소의 무기로 살아 있다. 공격적인 유머는 사람들에게 모욕을 주기 위해 빈정거린다. 그리고 이러한 가슴을 후벼 파는 듯한 유머는 자기 자신을 목표로 삼을 수 있다. 웜스는 진술한다. "다른 사람들을 깔아뭉개는 것보다 자기-파괴적인 익살꾼은 낮은 자존감 때문에 방어기제로 자기 자신을 표적으로 삼는다."

유머를 삶에서 상반된 것을 통합하려는 노력으로 볼 때 우리는 종교적 믿음 자체가 자주 이러한 통합에 어떤 역할을 할 수 있을지 깨달을 수 있다. 가임기를 훨씬 지난 사라가 자신이 아이를 임신할 것이라는 사실을 알고 깜짝 놀란다. 어떻게 그런 일이 가능할까? 그녀는 혼자서 빙그레 웃을 뿐이었다. 그러나 하느님께서는 그녀의 웃음을 알고 그 이유를 물었다. "사라가 '저는 웃지 않았습니다.' 하고 부인하자, 그분께서 '아니다. 너는 웃었다.' 하고 말씀하셨다."(창세 18,15) 이 성경 이야기의 핵심 통찰력은 사라의 생식력의 한계가 아니라, 우리의 기대와 계산을 뒤엎는 하느님의 엉뚱한 방식들이다. 사라가 할 수 있는 것이라고는 웃는 것뿐이었다. 믿음은 우리의 진지함을 뒤엎는 놀라움을 가져다준다. 이 놀라움은 최소한 웃음을 유발할 것이다.

유머와 회복탄력성

명상하는 삶에 한 자원으로 충분히 평가되는 유머는 회복탄력성의 요소이다. "잘 웃는 사람은 스트레스가 많은 경험을 주위에 있는 사람보다 더 빨리 잊는 경향이 있다. 유머는 또한 우리에게 고통이나 해를 줄 수 있는 삶의 사건들을 무시하는 데 도움을 준다." 웜스는 덧붙인다. "유머러스한 사람들은 주변 사람들보다 더 편안한 삶을 살지 못할 수도 있다. 그러나 그들은 더 자주 자신이 편안한 삶을 사는 것처럼 느낀다. 그들이 회복해서 나아갈 때 부정적인 경험에서 벗어날 수 있다."

우울증에 관한 연구에서 앤드루 솔로몬은 유머를 회복과 회복탄력성의 핵심 자원으로 설명한다. "우울증에 굴복하지 않고 그것을 극복하기 위해서는 지속적으로 치유자의 자극이 필요하다.

유머 감각은 당신이 회복하리라는 최고의 지표가 된다. 또한 흔히 사람들이 당신을 사랑할 것이라는 최고의 지표가 된다. 그것을 유지하라. 그러면 당신은 희망을 갖게 될 것이다."

11

회복탄력성 훈련하기
- 희망과 감사

희망과 감사의 자원들

11

"우리는 보이지 않는 것을 희망하기에
인내심을 가지고 기다립니다."(로마 8,25)

　회복탄력성에는 희망이 자리하고 있다. 곧 정당한 사유 없이 부상이나 상실 또는 실패가 우리를 결코 패배시키지 못할 것이라는 희망을 말한다. 우리는 성취할 수 없다고 알고 있는 것에 대해 희망한다. 그리고 설명할 수 없는 것에 대해서도 희망한다. 로베르토 웅거는 이 관대한 자원을 "다른 세계에서 온 초대받지 않은 사절"로 본다. 자신이 희망하는 원천을 알지 못해도, 우리는 감사하게 된다. 그리고 희망과 감사가 선물로 주어진다고 해도 우리는 이러한 응답을 이해할 수 있고 훈련할 수 있음을 인정한다.

상상 속에 살아 있는 희망은 '세상이 어쩌면 다른 방식으로 존재할 것'을 알려 준다. 희망은 현재에 도전하고, 과거의 영향력을 약화시키고, 마음속으로 다른 미래를 그린다. 희망의 덕은 현재(우리의 나날을 가득 채우는 필요와 의무들)를 통해 본다. 희망은 현상을, 세상의 일반 상식을, 논쟁할 여지가 없는 가정을 뛰어넘어 볼 수 있는 비전으로 이끈다.

그리고 희망은 오래된 상처를 용서하고 아주 오래된 불평의 씨앗을 해소할 수 있다는 것을 상기시키면서 과거를 바꾸어 준다. 희망은 미래란 '현재와는 같지 않을 것'이라는 기대 그 이상의 많은 것들을 내포한다고 선포한다. 그리고 희망을 갖게 될 때 우리는 성경 전반에 작용하는 약속들에 동조하게 된다. "보라, 내가 새 일을 하려 한다. 이미 드러나고 있는데 너희는 그것을 알지 못하느냐?"(이사 43,19)

에릭 에릭슨Eric Erikson은 희망을 부모와 아이의 첫 번째 만남에서 생기는 신뢰에 둔다. 사랑 어린 시선, 반복되는 포옹, 그리고 나갔다가 때가 되면 돌아오는 부모를 통해 아이는 희망을 배운다. 이러한 초기의 상호 작용으로 아이는 세상이 믿을 만하다는 신뢰 속에서 성장한다. 여기서 나의 욕구들은 인정받고 존중받고 자주 충족된다. 에릭슨은 희망을 "인간을 고통스럽게 하는 어두운 충동과 패배들에도 불구하고 열망하는 것을 이룰 수 있다는 항구한 믿음"으로 정의한다. 이 발달 심리학자에게 "희망은 살아 있는 상태에서 내재하는, 최초의 것이며 가장 필수적인 덕목이다."

청년으로서 우리는 희망을 낙천적인 기분이나 자신감과 동일시하는 것 같다. 나중 중년기에 시련을 겪으면서 정화될 때 우리는 진정으로 차이점을 깨닫는다. 낙천주의는 우리가 성공하리라는 확신에 뿌리를 둔다. 자신만의 기술을 가지고 있고, 든든한 연합군과 좋은 친구들의 후원에 힘입어, 우리가 어떻게 실패할 수 있겠는가? 중년기 내내 이 낙천주의는 우리가 사회의 정의롭지 못한 세력들을 마주하면서, 자신의 능력의 한계에 직면하면서 바뀐다. 곧 낙천주의에서 더 풍요로운 경험으로 이끄는 희망으로 바뀐다.

진정한 희망은 흔히 슬픔과 실망과 함께 존재한다. 병과 사고가 사랑하는 사람들을 위협하고 사회의 편견이 공동체 전체를 혼란스럽게 할 때 희망은 삶에 계속 참여하도록 우리에게 도움을 준다. 회복탄력적인 희망은 불가피한 인간 고통에 직면할 때 우리를 안정시킨다. 낙천주의보다 더 깊이 퍼져 나가는 희망은 상실에 직면해서도 자신을 안정시킬 수 있는 용기와 끈기를 낳는다.

희망은 우리 자신의 자원들이 제한받는 상황에서 우리를 지탱해 준다. 희망은 어떤 것도 실제로 변화되지 않을 것이라는 지친 의식에서 우리를 자유롭게 해 준다. 희망은 우리를 앞으로 향하게 하며 자신이 만들어 낼 수 있었던 것을 뛰어넘어, 미래 언젠가 축복을 가져다줄 것이라고 격려한다. 그리고 희망이라는 열정은 우리를 일깨우고, 이러한 약속된 미래를 향해 움직이도록 에너지를 만들어 낸다.

빅토리아 맥기어Victoria McGeer는 희망과 회복탄력성 사이의 연결 고리를 추적했다. 장애물이 그들을 방해할 때 희망이 있는 사람들은 훨씬 더 단단히 마음을 먹게 된다. 그들은 예상치 못한 환경에 더 쉽게 적응한다. 그들은 하나의 문이 닫힐 때 열 수 있는 다른 문을 찾는다. 이런 식으로, 희망이 있는 사람들은 어려운 상황 한가운데에서 개발되지 않은 자원들을 자주 발견한다. 행동을 위한 신선한 대안들이 나타나기 시작하고, 개인의 새로운 강점들이 나타난다. 이런 식으로 희망은 회복탄력성을 강화한다.

희망 속에서 성숙할 때 우리는 세상이 항상 우리의 필요를 충족시켜야 한다고 요구하지 않는다. 구체적인 결과에 대한 희망이 산산조각 날 수도 있다. 그러나 이러한 실망스러운 일이 일어날 때 희망이 있는 사람들은 행동을 취할 다른 가능성을 탐색할 수 있다. 따라서 희망이 있는 성숙한 사람은 책임을 강화한다.

지금 우리가 할 수 있는 것이 아무것도 없을 때라도 우리의 에너지는 여전히 미래로 향하게 된다. 우리의 흥미·관심·열망·열정 등의 자원들은 계속해서 '현재'에 초점을 맞추다가… 점차 '무엇을 할 수 있을까'로 바뀌게 되고… '무엇이 될 것인가'까지 초점을 맞춘다. 맥기어의 멋진 말을 빌리면, 성숙한 희망은 미래에 기대게 하고 어떤 선을 행할 수 있을 때 언제라도 행동할 수 있도록 우리를 준비시킨다.

올바르게 희망하는 법 배우기

희망을 가질 수 있는 능력은 부분적으로는 선물로 오는 듯하다. 심리학자들은 가정 교육과 사회 환경 그리고 아마 유전자 구성 등 많은 요소가 포함된다는 것을 인정한다. 성숙한 희망을 가질 수 있는 우리의 능력을 어떻게 확장시킬 수 있을까? 연구를 통해 간단한 답을 찾을 수 있다. 우리는 희망에 찬 사람들의 모임에서 올바르게 희망을 갖는 방법을 배운다. 사회 변화를 위한 자원으로 희망을 이용하려면 상당 부분 다른 사람들의 희망과 연결해야 한다. 변화에 저항하는 장애물들을 직면할 때 우리의 회복탄력성은 흔히 서로 지원해 주는 공동체를 찾을 수 있느냐에 달려 있다. 이러한 그룹들은 앞에 놓여 있는 어려움들을 대면할 수 있도록 효능감[20], 대행자 의식[21], 그리고 자신감을 키워 준다. 이렇게 감정적으로 응답하는 모임들과 함께 서로의 희망에 찬 에너지를 강화하면서 더 깊이 헌신하게 된다.

특히 우리가 사회 변화나 조직의 개혁을 위해 헌신할 때 계속 희망을 유지할 수 있느냐는 희망에 찬 사람들의 네트워크의 일부가 되느냐에 달려 있다고 할 수 있다. 그들의 희망과 우리의 희망이 연결된다. 그러나 이러한 상호 지원이 동반자들이 장려하는 모든 것을 우리가 지지해야 한다는 것을 의미하지는 않는다. 때로는 변화를 위해 함께 노력하는 중요한 사람들에게 도전해야 한다. 곧 현재의 전략에 의문을 제기하고, 공동의 목표에 대한 더 확실한 이해를 촉구하고, 공동의 목표를 이루기 위해 다른 경로들을 제안해야 한다. 그러나 우리의 희망을 가장 잘 유지할 수 있는 곳은 변화를 위해 열의를 보이는 사람들의 모임에서다.

---

[20] sense of efficacy, 과제를 끝마치고 목표에 도달할 수 있는 자신의 능력에 대한 스스로의 평가 - 옮긴이 주
[21] sense of agency, 자신의 불만스러운 조건과 정책을 행동을 통해 변화할 수 있다는 집합적 신념 - 옮긴이 주

종교적 희망을 존중하기

오늘날 사회 변화와 조직 개혁 운동에 헌신하는 많은 사람들에게 희망은 하느님께 대한 믿음에 뿌리를 둔다. 우리가 자신보다 더 큰 실재의 일부라는 것을 깨달을 때 우리는 오래 살아남을 희망으로 삶을 자유롭게 바칠 수 있다. 종교적 희망은 단순히 어떤 목적이 생길 것이라는 신념이 아니다. 그보다는 오히려 하느님께서 승리하실 것이라는 확신이다. 이 하느님께 대한 믿음은 개인이 용기를 내거나 단호히 결심하여 행동으로 옮기는 노고를 간과하는 것이 아니다. 그러나 믿음은 이러한 계속적인 노력에 부가적인 지원을 제공한다. 따라서 종교적으로 민감한 사람들 사이에서 하느님께 대한 희망은 우리의 실천적 노력들을 지속시키고, 미래로 가는 실행할 수 있는 길을 찾기 위해 더 헌신하게 하고, 지연이나 패배에 직면해서도 계속해서 행동할 수 있도록 동기를 부여하게 한다.

빅토리아 맥기어는 효과적인 사회적 행위(사회 개혁을 목표로 하는 조직적 활동)에 희망이 기여한다는 것을 확인한다. "희망은 현실에 직면해서 주저앉기보다는 한계에도 불구하고 대면하고 탐구하고 때로는 인내를 가지고 애써 나아가게 한다." 희망은 앞에 놓여 있는 것을 향해 보게 하고, 더 좋은 가능성들이 기다린다는 것을 예상하게 한다. 이러한 자원은 상실에 직면해서 우리를 흔들리지 않게 하는 용기와 인내를 자아낸다. 희망을 통해 우리는 삶의 질서와 목적을 갱신할 수 있는 기회에 여전히 마음을 열 수 있다.

변화를 일으키는 희망의 힘은 미래의 운명론에 대해서 의문을 제기하는 한편, 과거의 결정론에도 도전한다. 희망은 지금의 상황이 그런 식으로 되지 않아도 된다고 말한다. 이러한 품격을 높이는 열정이 우리의 상상을 통해 지금까지 존재하지 않았던 자신과 사회에 대한 더 관대한 비전들을 일깨워 준다. 희망은 우리가 예견할 수 없는 미래에 다리를 놓을 수 있는 밝은 전망을 갖게 한다.

감사하기

"감사는 '재능을 교환하는 사람들을 함께 묶어 주는 윤리적인 기억'이다."[22]

감사는 기억에 대한 환기이다. 감사하다고 느끼는 것은 우리가 받은 혜택들, 우리가 신뢰하는 사람들, 재능으로 우리의 삶을 축복해 준 사람들을 기억나게 한다. 이전의 지지하는 관계들을 기억하는 것은 현재의 위험에 직면한 우리에게 힘을 실어 준다.

그리고 감사는 자주 현재 지속하고 있는 유대를 상기시키며, 우리가 겪는 현재의 곤경에서도 여전히 가능한 지지와 위안의 원천들을 일깨운다. 감사를 통해 우리는 우리가 혼자가 아니라는 사실을 깨닫는다. 이러한 자각에서 회복탄력성이 자라난다.

감사는 또한 더 긍정적인 효과들을 자아낸다. 감사가 불러일으키는 좋은 느낌들은 생리적인 안녕과 적응 행동[23]을 지원한다. 그리고 감사는 종교적인 경험과 영성에서 중요한 주제로 오랫동안 인정받아 왔다. 이러한 폭넓은 맥락에서 감사를 감정, 심리적인 자원, 영적 수련과 동일시할 수 있다.

하나의 감정으로 감사는 직접적인 경험으로 아는 것이다. 이렇게 감사함을 느끼는 것은 고립된 감정으로 혼자서는 거의 일어나지 않는다. 더 잦은 감사에 대한 경험들은 다양한 긍정적인 느낌들(놀람·기쁨·희열·즐거움)을 동반한다. 감사는 우리가 다른

---

[22] 게오르크 지멜Georg Simmel, 1858-1918, 독일의 철학자·사회학자.

[23] 개인이 주어진 사회적 환경에 효율적으로 대처할 수 있는 능력을 말한다. 동일 연령이나 문화를 가진 집단에서 기대되는 사회적 책임감·개인적 독립·학습과 성숙의 적정 수준에 효과적으로 대처하는 개인의 능력을 말한다. - 옮긴이 주

누군가의 행동으로부터 혜택을 받고 있다고 알려 준다. 우리는 이러한 행동에는 은혜를 베푸는 사람의 배려와 자유로운 나눔과 개인적인 희생이 깔려 있다는 사실을 인정한다. 이러한 자각은 은혜를 베푸는 사람과 연결되었다는, 심지어 빚을 지고 있다는 느낌을 갖게 한다.

이렇게 사람과 사람 사이에 주고받는 감사는 흔히 긍정적인 것으로 경험된다. 우리는 관대하게 반응하는 사람들에게 더 가깝게 끌린다. 감사하는 것은 우리가 혼자가 아니라는 사실을 상기시켜 준다. 그러나 우리 가운데 어떤 사람들은 그것이 의존하는 것이라고 불편해하며, 신세를 지는 것에 대해 조심스러워한다. 의존의 징조가 있을 때 감사하기가 어렵게 된다. 그러나 신세를 지고 있는 것을 인정하는 것 또한 더 깊은 감사와 함께 경탄, 겸손, 경외심을 경험하게 한다. 많은 사람들에게 이러한 인식은 종교 체험에서 온다. 우리는 이해하지 못하고 받아들이지 못하는 상황에서도 하느님께서 우리를 극진히 돌보고 계신다는 것을 알게 된다.

감사는 우리에게 행동하라고, 고마움을 표하라고 재촉한다. 고마워하는 것은 어떤 방식으로 보답하려는 열망, 곧 선물 자체와 선물을 베푼 사람 둘 다에게 사의를 표하려는 열망을 포함한다. 그러나 은혜를 베푼 사람에게 직접 응답할 수 없는 상황에서도 감사의 기분은 매일의 삶에서 표현된다. 축복받고 있는 방식들을 의식하면서 우리는 주변 사람들의 필요에 더 민감하게 반응하게 된다. 곤경에 처한 가족이나 친구, 동료, 심지어 낯선 사람들조차 우리의 적극적인 관심을 불러일으킨다. 믿음이 있는 많은 사람에게 이러한 심리적인 역동성은 '가서 똑같이 하라.'는 복음의 명령에 반향을 불러일으킨다.

감사의 덕

오늘날 대부분의 연구는 심리학적이고 종교적인 맥락에서 감사를 덕으로 인정한다. 덕으로서의 감사는 성격상의 강점, 곧 우리가 삶에 더 주의를 기울이게 하는 변함없는 감수성이다. 우리는 받은 선물과 이러한 혜택들을 제공해 주는 사람들의 관대한 의도를 마음에 새긴다. 이런 식으로 감사를 경험하게 될 때 우리를 지탱해 주는 관계들의 더 폭넓은 네트워크에 조심하게 된다. 그리고 감사의 덕은 자신의 취약성을 받아들일 때 성숙한다. 단순히 '자립하려고' 애쓰기보다, 우리는 많은 환경들 속에서 자급-자족을 할 수 없음을 인정한다. 감사 안에서 우리의 결핍은 단순히 부끄러움이나 위협이 아니다. 우리가 항상 자급-자족을 할 필요가 없다는 것에 감사한다. 의존은 명예를 손상시키지 않는다. 따라서 감사는 우리의 회복탄력성에 대한 감각을 확장시켜 준다.

오늘날 우리 가운데 많은 사람에게 감사는 영적 수련의 일부가 되고 있다. 전통적으로 기도와 단식이 영적 수련으로 존중받고 있다. 오늘날의 삶에서는 영적 수련의 범위가 훨씬 더 넓다. 수련은 자기self를 형성하고 변형시키는 방식으로 더 큰 가치 있는 전통들과 우리 자신을 결합시키는 선택된 활동들이다. 영적 수련을 통해 우리는 믿음의 공동체와 세상 안에서 하느님의 현존과 활동에 대한 활기를 불어넣는 비전을 이어받는다.

영적 수련은 열매를 맺을 수 있는 실용적인 혜택 때문만이 아니라, '그것 자체로' 가치가 있다. 영적 수련으로서 감사는 명상(마음 챙김)을 확장한다. 우리는 인간의 본질적인 상호 연계성을 더 인식하고 그에 대해 더 감사하게 된다. 감사는 이러한 상호 연계성을 후회하기보다는 음미하도록 우리를 이끈다. 이러한 감수성으로 선물에 대한 우리의 응답은 직접 은혜를 베푼 사람들에게 보답하려는 집중적인 노력을 뛰어넘는다. 감사는 일상의 삶 전반에 걸쳐 더 큰 관대함 쪽으로 폭넓게 움직이게 한다.

감사는 긍정 심리학 운동에서 가장 널리 연구되는 감정 가운데 하나다. 연구는 우리 대부분이 감사를 의무감이나 복종과는 확실하게 구분하는 즐거운 느낌과 동일시한다는 것을 증명한다. 그리고 감사의 느낌은 우리 삶에 긍정적인 영향을 미치며 신체적인 건강과 생리적인 안녕, 심리적인 회복탄력성을 지원한다.

때때로 우리는 (신세 지는 위치에 놓일 것에 대해 염려하면서) 감사를 표현하거나 경험하는 것을 꺼린다. 심지어 도움을 많이 받는 것을 꺼려한다. 그러나 신세 진다는 느낌으로 인해 자신의 품위를 떨어뜨릴 필요는 없다. 관심을 갖고 행동으로 보여주며 우리의 삶을 축복하는 사람에게 사의를 표하는 것은 우리의 권위를 떨어뜨리는 것이 아니다. 우리는 그들의 관대함과 지지를 인정하면서 기쁨을 누릴 수 있다. 그리고 자신의 삶이 얼마나 중요하게 상호 연결되어 있는지를 인식할 때 감사는 우리를 상호 관심을 갖는 관계들 쪽으로 움직이게 할 수 있다. 이러한 돌봄과 관심이 함께하고 있다는 것에 대해 감사할 때 우리는 삶의 도전하는 환경에 직면해 자신을 더 회복탄력성이 있는 존재로 경험하게 된다. 이러한 선물을 지닌 공동체의 일부가 되는 축복을 받을 때 우리는 깊이 감사한다. 그리고 이러한 감사의 경험은 종종 경외심과 공경심을 낳고 우리를 감동시켜 기도하게 한다.

12

노화에서의 회복탄력성

일생 동안의 회복탄력성 지원하기

12

"하느님, 당신께서는 제 어릴 때부터
저를 가르쳐 오셨고 저는 이제껏 당신의 기적들을
전하여 왔습니다. 늙어 백발이 될 때까지
하느님, 저를 버리지 마소서." (시편 71,17-18)

2500년 전 시편 저자의 목소리는 오늘날 우리 마음에 생기를 돋우는 희망을 메아리치게 한다. "당신께서는 저에게 많은 곤경과 불행을 겪게 하셨지만 저를 다시 살리셨습니다. 땅속 깊은 물에서 저를 다시 끌어 올리셨습니다." (시편 71,20) 여기서 시편 저자는 늙은 나이에 겪은 개인의 경험이 진실이라는 것을 증언한다. 그러나 성경의 시편들이 구성되었던 몇 세기에 걸쳐, 평균 수명은 거의 30년을 넘지 못했다. 20세기가 시작되면서 기대 수

명은 50세에 이르렀다. 오늘날 가장 산업화된 국가에서 이 표준 접근법을 기준으로 한 평균 수명은 80세에 이른다. 더 오래 살게 되면서, 더 많은 사람이 이러한 늘어난 수십 년의 삶을 특징짓는 육체적, 정신적 위축을 경험할 것이다. 또한 더 오래 살게 된 우리는 연장된 이 기간의 의미를 숙고할 기회와 필요성을 느끼게 된다.

내과 의사 아툴 가완디Atul Gawande는 「Being Mortal」[24]에서 다음과 같이 질문한다. "나이를 먹어 가고 죽어야 하는 피조물은 어떤 존재일까? 의학은 경험(삶과 죽음의)을 어떻게 변화시켜 왔는가, 아니면 변화시키지 못했는가? 인간의 유한함에 대처하는 방식에서 우리는 어떤 점에서 진실을 왜곡시켰는가?" 그는 덧붙인다. "노화와 죽음의 경험을 정직하게 시험하기를 꺼려할 때 사람들은 상처를 더 깊게 하고, 가장 필요로 하는 기본적인 위로를 거부하게 된다."

아툴 가완디는 노쇠의 세부 사항을 적나라하게 설명한다. 60~70대에서 80~90대로 이동하면서 신체는 갈수록 노화한다. 몸에서 가장 단단한 물질인 치아의 하얀 에나멜이 닳아 없

---

[24] 「어떻게 죽을 것인가」, 김희정 옮김, 부키, 2015.

어지기 시작한다. 시각 수정체는 탄력성을 잃는다. 혈관은 굳어지고, 몸 전체에 피를 보내기 위해 압력을 증가시킨다. 근육양은 계속 줄어든다. 우리를 겸손하게 하는 장황한 이야기가 계속된다. 진화는 인간에게 많은 보완 시스템을 선물했다. 곧 제2의 폐, 제2의 또 다른 신장, 제2의 또 하나의 생식선 등등. 그러나 조만간 이러한 지원들도 끊긴다. 아툴 가완디는 불편한 진실을 대면하도록 우리를 초대한다. "삶의 비극을 피할 길이 전혀 없다. 이 비극은 우리 모두가 태어난 날부터 노화되고 있다는 것이다." 그러나 이러한 현실에 직면해 회복탄력성을 지원하기 위해 우리가 할 수 있는 것들이 많이 있다.

회복탄력성 강화하기

오늘날 미국 사람들에게 나이를 먹어 가는 것은 흔히 수입, 회복탄력성, 삶의 스타일의 변화를 수반한다. 또한 많은 사람들이 상실(배우자나 소중한 친구와 동료들 또는 지위와 활력과 건강의 상실)을 경험하기도 한다. 그러나 이러한 변화들 모두를 부정적인 것으로 경험할 필요도 없으며, 그런 식으로 경험하지도 않는다. 개인적인 계획과 효과적인 사회 정책이 노화로 비롯된 여러 가지 상실로 의한 영향들을 줄일 수 있다. 그러나 변화와 상실은 인간 노화의 일부분으로 노화와 죽음은 상실의 동반자이다.

나이를 먹어 감에 따라 건강을 유지하고 기울어 가는 육체의 활력을 보강하는 데 더 많은 주의를 기울여야 한다. 종종 우리 사회는 중요한 변화들을 겪는다. 나이 많은 노인들이 중요한 사회적·재정적 영향으로 인해 자발적이거나 강제로 은퇴를 한다. 새로운 역할들(여가 활동을 하는 노인·과부·명예 교수)이 주어지고 예전 역할들은 유연한 방식으로(은퇴 후 배우자와의 관계는 어떻게 될까? 예전 동료들과는? 정신적으로 어른이 안 된 아이들과 그 가족들과의 관계는?) 새롭게 정리되어야 한다.

동거 형태에 대한 질문도 하게 된다. 우리가 살던 주택을 그대로 유지해야 하나, 아니면 더 작은 아파트를 찾아야 하나? 기후가 더 좋은 지역으로 이사를 가야 하나, 아니면 우리가 뿌리내린 이곳에 계속 머물러야 하나? 배우자나 죽마고우 등의 죽음으로 대체될 수 없는 사람들을 잃어 혼자가 되었는데, 결혼한 아이들과 가까운 곳에 살 곳을 마련해야 하나, 아니면 혼자 독자적인 길을 개척해야 하나? 내가 필요로 하는 것들을 나 스스로 계속 챙길 수 있을까, 아니면 요양원으로 가야 하나? 노년에 만족하고 적응할 수 있는지는 나이와 관련된 이러한 문제들을 해결하는 방식에 따라 영향을 받는다.

오늘날 심리학자들은(잘 늙어 가는 사람들의 개인적인 보고서와 함께)

우리의 마지막 몇 십 년이 계속 심리적이고 영적인 성장을 위한 기회를 제공한다고 이야기한다. 우아하고 활기차게 나이를 먹어 가는 다수의 사람에게 더 초점을 맞추어 보면서 우리는 전 생애에 걸쳐 펼쳐져 있는 인간 성숙의 풍부한 가능성을 깨닫게 된다. 우리는 그들의 삶에서 필요한, 그리고 보상받는 회복탄력성을 본다.

재구성하는 것으로서의 회복탄력성

재구성하는 것은 나이를 먹어 감에 따라 중요해진다. 우리 가운데 많은 사람이 중년기로 들어섰을 때 처음으로 균형 잡힌 변화를 경험한다. 40대와 50대에 우리는 앞으로 있을 날보다 지나온 날이 더 많다는 것을 새롭게 인식한다. 이전에 우리는 태어난 날부터 자기 삶의 시간을 쟀다. 이제 우리는 남아 있는 날들을 생각하며 더 자주 우리의 관심이 미래로 향하고 있음을 발견한다. 이 새로운 방향은 긴박감에 불을 붙인다. 곧 만약 우리가 사랑에서든, 일에서든 과정을 수정하려 한다면 지금이 바로 그때이다. 가완디는 우리가 노년기로 이동해 갈 때 "죽을 운명에 대한 인식이 우리의 욕망을 재정리한다."는 그의 판단에서 이러한 방향 전환에 대해 언급한다.

심리학자 로라 카스텐슨Laura Carstensen은 시간에 대한 우리의 이해를 통해서 오는 다른 변화들을 말한다. "우리가 젊고 건강했을 때는 자신이 영원히 살 것이라고 믿는다. 그리고 만족하며 살아가는 것을 기꺼이 미루어 둔다(예를 들어 더 밝은 미래를 위해 기술과 자원들을 얻고자 여러 해를 투자한다)." 그리고 나서 말년에 이러한 방향이 변한다. 곧 미래를 유한하고 불확실한 것으로 보게 된다. "초점이 여기 그리고 지금, 매일의 즐거움과 가장 자신 가까이에 있는 사람들로 바뀐다." 사람들이 나이가 듦에 따라 "그들은 더 소수의 사람과 교류하고 가족과 잘 알고 지낸 친구와 더 많은 시간을 보내는 데 집중한다." 재구성은 "성취하는 것, 소유하는 것, 얻는 것으로 향하기보다 매일의 즐거움과 관계들에 감사하는 쪽으로" 이동하는 것을 포함한다.

삶의 재음미

재구성은 노인학 학자들이 '삶의 재음미'로 묘사한 것에서 그 표현 방법을 찾는다. 우리들 대부분은 우리가 잘 알고 있는 노인들 안에서 이러한 노력을 목격한다. 나이가 들면서 삼촌이나 조부모는 몇 십 년 전에 찍은 색이 바랜 사진들을 살펴보면서 시간을 보낸다. 직장 동료 선배들은 '좋았던 옛날' 이야기를 나누며 즐거워한다.

　노년기로 접어들면 우리는 현재와 과거 둘 다를 재평가하게 된다. 성인기에 나는 역할과 책임을 다하고, 사회에 참여해 성과를 이룬 덕분에 인정을 받았다. 나는 배우자이자 부모, 직장인, 친구, 지도자, 이웃, 시민이었다. 말년에 서서히 이 다양한 역할들은 없어지거나(직장인으로서 나의 역할은 은퇴로 없어지고 배우자로서 나의 역할은 배우자의 죽음으로 없어진다) 크게 변한다(가족 안에서 부모의 역할은 성인이 된 자녀의 나이에 따라 변한다). 나는 이전의 어떤 책임들에서 벗어나야 하며 다른 사람들과의 깊은 관계를 재조정해야 한다.

　명성·성취·아름다움·영향·애정·부 등 나의 삶 전반에서 이러한 것들은 자존감의 중요한 원천이었다. 그것들은 나 자신을 알고 수용하는 데 도움을 주었다. 그렇지만 아주 깊이 빠져든 순간, 나는 나를 내리누르는 그 힘에 괴로워했다. 그것들을 상실하면서 내가 얼마나 취약한지 깨달았다. 실패하면 어쩌지? 잃으면 어쩌지? 만약 그들이 나를 좋아하지 않으면 어쩌지? 그때 나는 어디에 있게 될까? 그러나 나는 분명 내 삶의 환경들 전부를 합한 것 그 이상일 것이다. 확실히 나의 정체감과 가치를 끌어올리는 다른 요소들이 분명 있을 것이다.

　우리는 아마 심각한 병을 앓으면서 자신감을 잃어 꼼짝 못 할 때 삶에서 이러한 질문들을 제기할 기회를 가졌을 수 있다. 어떤 사람은 영성 피정이나 일과 가족으로부터 떨어져 긴 주말을 보내면서 이러한 질문을 했을 수도 있다. 노년기 불가피하게 수면 위로 떠오르는 질문에 답을 찾게 하려고 여러 가지 사건들이 일어난다. 나의 정체성을 형성하게 한 훌륭한 직장과 공적 성취들을 뛰어넘어 질문이 나를 가로막는다. 이제 나는 어떤 가치가 있을까?

'나는 내가 행한 것보다 더 위대하다.'는 인식은 인간 성숙의 중요한 통찰이다. 이는 또한 모든 종교 전통의 핵심 신념이다. 그리스도교는 한 인간이 지닌 가치의 진정한 기반은 훌륭한 업적을 뛰어넘으며 그가 이룬 성취 이상이라고 선언한다. 궁극적으로 인간의 존엄성과 성숙한 자기-가치감을 세우는 것이 하느님의 사랑이다. 그리고 하느님의 사랑은 조건이 없다.

개인의 가치에 대한 그리스도인의 확신은 노인뿐만 아니라 노년기에 특정한 방식으로 시험을 거친 그리스도인의 능력과 관련이 있다. 삶이 잘 돌아가고 있을 때 곧 내가 의지할 수 있는 긍정적인 평가의 몇 가지 요소가 있을 때 내 가치의 근원으로서 하느님의 사랑을 확신하는 것은 그 자체로 은총의 작용이다. 도전이 클수록 삶에서 다른 가치 있는 것들이 쓸모가 덜할 때 이 사랑을 영순위로 확인하는 것이다. 인간 삶의 그림자들을 조명하고, 만약 풀 수 없다면 의미를 부여할 수 있는 그리스도교의 능력을 시험할 때가 바로 이때이다. 개인의 의미에 대한 이러한 질문들이 제기될 때 다양한 응답들(그러나 전에는 미완성의 형태로만 있던 충동들)이 나타난다. 새롭게 자기 자신을 받아들이기 위해서는 널리 퍼져 있는 절망감과 혐오감에 대항해 싸워야 한다. 이러한 각각의 것들은 우리 자신의 삶이 종잡을 수가 없다는 견해에 맞서 우리가 할 수 있는 응답이다. 이러한 정반대의 충동에 의해 생기는 갈등에서 벗어나 인격의 새로운 강점들이 생길 수 있다. 회복탄력성은 이러한 결단의 열매이다.

자신의 삶에 대한 확신과 노화를 수용하라는 것은 어떤 일이 일어나든 소극적인 적응으로 현재를 마주하라는 말이 아니다. 다른 사람들이 나를 옆으로 치워 놓으려는 시도에 저항하는 것, 더 유연한 국가의 은퇴 정책을 위해 로비하는 것, 다이어트와 운동 등으로 충실하게 자신의 몸을 관리하는 것, 활동하고 헌신하는 일정을 계속해서 하는 것, 이러한 노력들 역시 우리의 회복력 있는 응답의 전조가 된다.

노년기 내내 자신의 정체성에 관한 질문을 계속하는 것은 보람 있는 삶을 살고자 하는 노력의 일환이라고 할 수 있다. 초기 성인기에 이러한 질문은 흔히 우리 시대의 창조성과 생산성에서 답을 얻는다. 가족 안에서 그리고 직장에서 우리는 일하고 만들고 결실을 맺고 있었다. 중년기로 이동하면서 자신이 이루어 온 것(가족과 사회 프로젝트들)에 흡족하여 효능감이 강화될 때 이 창의성은 약간 다른 특색을 띠기 시작했다. 노년에 자식들이 독립해서 가정을 떠나고 이제 직장에서 은퇴 시기에 접어들면서 '나는 어떤 기여를 할 수 있는가?'라는 질문을 하게 된다. 창의성을 통해 성숙하고 아낌없이 내어놓는 관대함으로 마음을 쓸 때 우리는 많은 결실을 맺는 새로운 단계로 들어가게 된다.

우리는 '결실을 맺다'라는 새로운 표현을 잘 보여 주는 성경의 이야기들에서 위안을 얻을 수 있다. '젖과 꿀이 흐르는' 광활한 땅에 도착할 때까지 백성들을 수십 년간 이끈 모세는 자신은 뒤에 남으면서 백성들을 새로운 땅으로 보낸다. 친구들을 뽑으시고 훈련시킨 예수님께서는 돌아가시기 직전에 그들 자신의 운명을 결정하게 하신다. 성령 강림 때 제자들은 고통을 당하면서도 관대하신 그분의 부재를 느낀다. 이제 그들은 예수님의 말씀에 따라 미래에 대한 책임을 떠맡아야 한다. 그러나 이러한 지도자 역할로의 이동은 주님의 너그러운 부재 때문에 가능하게 되었다. 유사하게 믿음의 공동체는 오늘날 그들의 권위적인 위치에서 물러난, 그리고 믿음의 공동체를 형성하는 데 책임을 떠맡을 다음 세대를 위해 여지를 남겨 두는 성숙한 지도자들에 의해 강화된다.

성숙한 회복탄력성의 힘

　삶의 각 단계에서 개인의 회복탄력성은 심리적인 성숙을 지원한다. 에릭 에릭슨은 노년기에 가장 적합한 회복탄력성의 자원을 "하나밖에 없고 유일한 삶의 주기와 그 삶에 중요하게 영향을 미쳤던 것들을 필연적으로 일어날 수밖에 없었던, 그리고 대체할 수 없었던 어떤 것으로 받아들이는 것"이라고 말한다.
　이러한 수용은 내가 한계를 지녔지만 독특한 존재라는 것에 대해 감사하고 경축한다는 것 이상을 의미한다. 나를 이 지점까지 데리고 온 고통과 기쁨의 드라마에 경의를 표하기 위해 되돌아볼 수 있다. 나의 삶에서 기대한 일과 기대하지 않은 일들 모두가 현재의 나 자신과 매우 중요하게 연결되어 있다. 만약 사건들이 오는 길에서 달라졌다면 나는 다른 어떤 사람이 되어 있을 것이다. 이러한 다른 길들이 어떤 기준에 따라 보면, 나의 삶을 '더 좋게' 했을 수도 있다. 그러나 지금의 나 자신이 되지는 않았을 것이다. 나는 지금 더 깊은 차원에서 나의 삶을 받아들일 수 있다. 나는 내 삶이 흘러갈 곳으로 흘러가서 참으로 좋다고 확실하게 말할 수 있다. 그것이 애매모호하긴 해도 삶의 의미를 확실하게 말할 수 있기 때문에 나는 삶의 의미를 증명할 수 있다.
　자신의 삶에 대한 이러한 회복탄력적인 응답이 실망과 후회를 없애지는 못한다. 나의 삶이 끝나 가고 있다는 것을 의식하면서 나는 모든 희망이 다 실현된 것은 아니라는 것을 깨닫는다. 내가 해 온 것과 실패한 것을 마주하면서 오는 회한과 죄책감을 알고 있다. 나의 죽음은 돌보지 않은 많은 것들을 남기고 갈 것이다. 사랑하는 사람들이 남겨질 것이다. 세상의 새로운 가능성들이 관심을 받지 못한 채 있을 것이다. 때때로 내 삶의 실망스러운 것들과 타협하려는 힘든 노력이 없었다면 나의 자기-수용은 나 자신에게조차도 여전히 취약하고 확신하지 못한 채 남아 있을 것이다.

지혜의 덕

회복탄력성이 그러한 개인의 통합성을 지원할 때, 곧 의미를 추구하고자 하는 열망이 후회와 절망에 저항해서 싸울 때 노인은 지혜, 다시 말해 인격의 중요한 강점을 드러낸다.

지혜는 다양한 형태(원숙한 재치 · 축적된 경험 · 성숙한 판단)로 분명하게 드러난다. 지혜롭다고 여겨지는 사람들은 포괄적으로 이해하고 폭넓게 공감하며 다양성과 다원성을 깊이 이해한다. 어떤 노인들은 그들이 웅변적으로 보여 주는 삶의 철학의 형태를 통해 이 지혜를 표현한다. 또 어떤 사람들은 이 지혜를 함축적으로 표현하여 말보다는 태도와 행동으로 보여 준다. 우리가 그들과 함께 있을 때 느끼는 평온함만으로도 지혜를 인식하게 된다.

지혜는 어느 정도는 노년의 불가항력적인 노쇠를 초월하게 할 수 있다. 몸과 정신의 기능이 쇠퇴를 경험하지만, 이러한 강점은 노인으로 하여금 말년을 특징짓는 노쇠를 통합하여 자신감을 유지하게 한다. 특히 마지막 단계에서 노년은 실제적인 쇠퇴를 가져온다. 나이를 먹고 노인이 되는 부정적인 결과들을 지연시키고 완화시키기 위해서 많은 것들을 할 수 있다. 그러나 나이가 들면서 특히 노년기의 말년에는 진짜 상실들이 있다.

신체적인 활력이 줄어들면서 때때로 병마를 동반한다. 사랑하던 사람들을 죽음으로 잃으면서 현재뿐만 아니라 과거의 삶을 함께 나누었던 진짜 친밀한 사람들의 범위가 좁아진다. 신체적·재정적·사회적 요소들이 자신의 삶을 돌보는 자립 능력을 은밀히 해치기 위해서 연합할 수 있다. 더 의존해야 한다는 것을 인정하고 받아들이는 것이 말년에 갖게 되는 가장 어려운 과제일 수 있다.

노년기의 실제적인 박탈과 그것들이 불러일으키는 분노와 후회의 느낌들이 노인을 압도할 수 있다. 만약 이러한 것들에 저항하지 못하고(최소한 주기적으로), 궁극적으로 인간 삶의 온전함에 대한 인식과 삶의 의미에 대해 긍정으로 이를 극복하지 못할 때는 부정적 성향이 지배적인 어조가 되고 말년을 지배하는 만성적인 기분이 될 수 있다.

여기서 우리의 성숙함을 위한 자원들이 가장 민감하게 시험되고 회복탄력성의 힘이 절실하게 요구된다. 확실히, 성숙에 대한 욕구가 삶 전반에 걸쳐 계속된다. 그러나 회복탄력성이라는 잘 발달한 자원들은 이러한 성숙함 외에도 자유롭게 견디어 내는 능력을 길러 준다. 이러한 초월성은 이해하기 어려울 수 있고, 지속적인 신념을 통해서라기보다는 직관의 순간을 통해서 더 경험된다. 그러나 이러한 지혜의 심층은 인간 혼soul에게 가능하다. 노화에 대한 깊은 자각의 순간에 노쇠(심지어 나의 죽음도)는 변형될 수 있다.

노년기의 회복탄력성으로, 노년기의 특성과 독특함으로 나의 인생이 멋지게 변형될 수 있다는 사실에 대해 감사하게 된다. 나의 삶의 스타일은 오늘날의 나의 존재와 평생 동안 나의 삶이 가졌던 의미에 기여해 왔다. 그것은 인간 삶을 의미 있게 살아갈 수 있는 방식들 가운데 하나이다. 이렇게 나의 독특한 삶의 여정을 깊이 수용함으로써 나는 자기-염려라는 좁은 초점을 넘어서 확장할 수 있다. 내가 인류와 모든 피조물과 하나라는 자각을 음미할 수 있다.

노년기에 우리는 소속에 형태를 부여한 가족과 믿음, 시민 단체와의 관계를 즐길 수 있다. 나이를 먹어 감에 따라 어떤 사람이나 어떤 것과 강하게 연결되어 있다는 것을 느끼지 못할 때 외로움으로 절망의 나락으로 떨어질 수 있다. 우리는 자신의 과거, 즉 상처를 포함한 모든 것에 소속된다. 그리고 희망을 갖고 미래(우리가 우리에게 가장 많은 의미가 있는 가치들을 물려줄, 다음 세대가 공들여 만들어 갈 시기)에 소속된다. 소속에 대한 우리의 자각은 승리하리라는 확신을 포함한다. 영감을 주는 이상과 목표들은 우리의 생명을 넘어서까지도 견디게 할 것이다. 이러한 가치들은 우리보다 더 오래 살며, 이를 통해 우리는 크게 기뻐할 수 있다. 우리는 그리스도교 공동체에서 이러한 연대를 다양한 방식으로 기념한다. 11월 초의 모든 영혼을 기리는 위령의 날에 우리는 오늘날까지도 믿음의 공동체를 계속 인도하는 가치들에 의해 강해진 앞서간 사람들을 기억한다. 매 주일 거행되는 전례 안에 포함된 '성인들의 통공'을 기념하면서 우리도 마찬가지로 성인들과 죄인들의 풍요로운 영적 유산에 우리 자신을 참여시킨다. 여기서 또한 우리는 믿음의 공동체가 지닌 회복탄력성 안에서 희망을 확인한다.

자료

1

미국 심리학회에서 내린 회복탄력성의 정의는 'The Road to Resilience', www.helping.apa.org.에서 볼 수 있다.
The Oxford Handbook of Stress, Health, and Coping, ed. Susan Folkman (New York: Oxford University Press, 2010)에는 다양한 학계의 관점을 대표하는 저자들의 최고 수준의 에세이가 포함되어 있다.
Robert Kegan은 인간 발달에 가장 중요한 요소로 다른 사람들의 돌봄을 새롭게 이끌어 낼 수 있는 갓난아기의 능력을 탐구했다. *The Evolving Self* (Cambridge, MA: Harvard University Press, 1982), 116쪽에 나오는 그의 논고를 인용했다.
Richard J. Davidson과 Sharon Begley는 그들의 책 *The Emotional of Your Brain* (New York: Penguin, 2012)에서 회복탄력성에 대해 이야기한다. 억압받는 아이들에 대한 인용은 102쪽에서 볼 수 있다.
Deborah Khoshaba는 계속해서 심리학적인 회복탄력성의 이론과 실제에 중요한 기여를 한다. 특히 그녀가 www.HardinessInstitute.com

에 게시한 자료들을 이용할 수 있다.

Janet Ramsey와 Rosemary Blieszne는 *Spiritual Resilience and Aging: Hoping, Relationality, and the Creative Self* (Amityville, NY: Baywood, 2012)에서 다양한 관점들을 대표하는 에세이들을 제공한다.

또한 Benedict Carey의 에세이 "On Road to Recovery, Past Adversity Provides a Map", *New York Times* (January 4, 2011), D5를 볼 수 있다.

Andrew Solomon은 *The Noonday Demon: An Atlas of Depression* (New York: Scribner, 2001)과 *Far from the Tree: Parents, Children, and the Search for Identity* (New York: Scribner, 2012)에서 가치 있는 관점들을 제공한다.

Henri Nouwen의 *Life of the Beloved* (New York: Crossroad, 1993)에서 인용했다.

2

Gabrielle Giffords의 회복탄력성에 관한 의견은 "The Lessons of Physical Therapy", *New York Times*, January 8, 2014에 나온다.
Nelson Mandela는 투옥과 회복에 관한 자신의 경험을 자서전 *Long Walk to Freedom* (New York: Little, Brown, 1994)에서 서술한다.

또한 그의 에세이 모음 Conversations with Myself (New York: Farrar, Straus and Giroux, 2010)를 보라.

Gina O'Connell Higgins는 Resilient Adults: Overcoming a Cruel Past (San Francisco: Jossey-Bass, 1994)에서 회복과 회복탄력성의 역동성에 관해 탐구한다.

George Vaillant의 논평은 에세이 "Positive Emotions, Spirituality and the Practice of Psychiatry", Mental Health, Spirituality and the Practice of Psychiatry 6 (2008): 48-62쪽에서 가져왔다.

John W. Reich와 Alex J. Zautra는 The Oxford Handbook of Stress, Health, and Coping, ed. Susan Folkman (New York: Oxford University Press, 2011)에 나오는 에세이 "Resilience: The Meanings, Methods, and Measures of a Fundamental Characteristic of Human Adaptation"에서 회복탄력성과 긍정적인 감정들을 탐구한다.

Lee Yearley는 Mencius and Aquinas: Theories of Virtue and Conceptions of Courage (Albany: State University of New York Press, 1990)에서 용기에 대해 이야기한다.

Josef Pieper는 The Four Cardinal Virtues (South Bend, IN: University of Notre Dame Press, 1966)에서 용기를 덕으로 탐구한다.

또한 Tobias Gritemeyer의 논문 "Civil Courage", Journal of Positive Psychology 2 (2007):115-119쪽에 있는 용기의 사회적이

고 정치적 중요성에 대해 검토한 것을 보라.

만족에 대해서는, Michael Leunig의 *Curly Pajama Letters* (Melbourne: Viking Australia, 2006)를 보라.

3

우리는 *Christian Life Patterns* (New York: Crossroad, 1992)에서 그리고 *Seasons of Strength: New Visions of Adult Christian Maturing* (Lincoln, NE: I-Universe, 2003)에서 힘과 덕 사이의 관련성을 이야기했다. 우리는 나중에 *The Emerging Laity* (New York: Doubleday, 1986)에서 힘과 권위의 복잡성에 대한 질문으로 돌아왔다.

우리는 Elizabeth Janeway의 *Powers of the Weak* (New York: Knopf, 1981), 그리고 Richard Sennett의 *Authority* (New York: Vintage Books, 1981)에서 많은 것을 배웠다.

4

Janet Ramsey와 Rosemary Blieszner에게서 인용한 것은 *Spiritual Resiliency and Aging: Hope, Relationality, and the Creative Self* (Amityville, NY: Baywood, 2012)에 나와 있다.

D. W. Winnicott은 *Home Is Where We Start From* (New York: Norton, 1986)에서 '안아 주는 환경'(the holding environment)을 이야기한다.

두 척의 배에 대한 설명은 John Cacioppo, Harry Reis, Alex Zautra 의 "Social Resilience: The Value of Social Fitness with an Application to the Military", *American Psychologist 66* (January 2011): 43-51; 44를 보라.

Roberto Unger는 *The Self Awakened* (Cambridge, MA: Harvard University Press, 2007)에서 사회적 회복탄력성의 역동성을 탐구한다.

Karen Armstrong, *A Short History of Myth* (New York: Canongate, 2005). 또한 *The Great Transformation: The Beginning of Our Religious Traditions* (New York: Knopf, 2006)를 보라.

2014년 결혼과 가정에 관한 가톨릭 시노드에 관해서는 Elisabetta Povoledo, "Pope Francis Beatifies an Earlier Reformer, Paul VI", *New York Times*, Monday, October 20, 2014를 보라.

5

Malala Yousafzai with Christina Lamb, *I Am Malala* (New York: Little, Brown, 2013).

예를 들어, 다음을 보라. Bruce W. Smith, J. Alexis Ortiz, Kathryn

T. Wiggins, Jennifer F. Bernard, and Jeanne Dalen "Spirituality, Resilience, and Positive Emotions", in *The Oxford Handbook of Psychology and Spirituality*, ed. Lisa J. Miller (New York: Oxford University Press, 2012).

또한 Steven Southwick and Dennis Charney, *Resilience: The Science of Mastering Life's Greatest Challenges* (New York: Cambridge University Press, 2012)을 보라.

Janet Ramsey and Rosemary Blieszner, *Spiritual Resiliency and Aging: Hope, Relationality and the Creative Self* (Amityville, NY: Baywood, 2012).

Robert Emmons, *The Psychology of Ultimate Concern* (New York: Guilford Press, 1999).

George Vaillant, *Spiritual Evolution: A Scientific Defense of Faith* (New York: Doubleday, 2009) 그리고 "Positive Emotions, Spirituality and the Practice of Psychiatry", *Mental Health, Spirituality and the Practice of Psychiatry* 6 (2008): 48-62를 보라.

역사학자 Simon Schama는 그의 두 번째 연구 *The Story of the Jews* (New York: HarperCollins, 2013)에서 이러한 회복탄력성을 이야기한다.

Clifford Geertz는 *Available Light: Anthropological Reflections* on *Philosophical Topics* (Princeton, NJ: Princeton University Press, 2008), esp. 192.에서 의미 추구와 영적 회복탄력성 사이의 관련성을 탐구한다.

Gina O'Connell Higgins, *Resilient Adults: Overcoming a Cruel Past* (San Francisco: Jossey-Bass, 1994), esp. 171에서 인용했다.

6

Phil Klay는 National Book Award-winning *Redeployment* 에서 전쟁에 관한 단편 소설을 썼다. *New York Times*, "After War, a Failure of the Imagination", Sunday, February 9, 2014에 실린 그의 논평을 보라.

David Finkel는 *Thank You for Your Service* (New York: Farrar, Straus and Giroux, 2013)에서, 그리고 Yochi Dreazen은 *The Invisible Front* (New York: Crown, 2014)에서 전투에서 받은 스트레스와 그것들이 군인의 회복탄력성을 어떻게 흐트러뜨리는지에 대해 상세히 기술하고 있다.

Dexter Filkins는 에세이 "The Long Road Home", *New York Times*, Sunday, March 9, 2014에서 Klay의 책을 되새긴다.

George Packer는 "Home Fires", *New Yorker*, April 7, 2014에서 퇴역 군인들의 시와 에세이들을 논한다.

깃발을 꽂는 예식에 대해서는 Jada Smith, "Using Flags to Focus on Veteran Suicides", *New York Times*, Friday, March 28, 2014를 보라.

Thom Shanker and Richard Oppel's essay "War's Elite Tough Guys, Hesitant to Seek Healing", *New York Times*, Friday, June 6, 2014를 보라.

Kevin Powers, *Letters Composed during a Lull in the Fighting: Poems* (New York: Little Brown, 2014), 그리고 Brian Turner, *My Life in a Foreign Country: A Memoir* (London: Jonathan Cape, 2014)를 보라.

Jonathan Shay는 *Achilles in Vietnam* (New York: Atheneum, 1994)에서 PTSD를 검토한다. 특히 188쪽을 보라. 또한 *Odysseus in America: Combat Trauma and the Tales of Homecoming* (New York: Scribner, 2003)을 보라.

'윤리적 손상'에 대한 Shay의 생각에 대해서는 Krista Tippetts의 웹사이트 www.onbeing.org에 나오는 Jeff Severns Guntzel, "Beyond PTSD to 'Moral Injury'"를 보라.

젊은 의무병에 대한 인용은 www.yin4men.com Jack Kornfield의 *A Path with Heart* 에서 발췌한 "Stopping the War"에서 볼 수 있다.

John Cacioppo, Harry Reis, and Alex Zautra, "Social Resilience: The Value of Social Fitness with an Application to the Military",

American Psychologist 66 (January 2011): 43-51.

Douglas Yeung와 Margret T. Martin은 에세이 "Spiritual Fitness and Resilience: A Review of Relevant Constructs, Measures and Links to Well-Being."에 보고된 연구를 주도했다. 이는 RAND Project: AIR FORCE Series on Resiliency, 2014의 일부이다.

7

Martha Nussbaum의 논고는 *Political Emotions* (Cambridge, MA: Harvard University Press, 2013)에서 볼 수 있다. 여기서 의견은 그녀의 초기 작품, 특히 *Hiding from Humanity: Disgust, Shame, and the Law* (Princeton, NJ: Princeton University Press, 2004) 그리고 *Upheavals of Thought: The Intelligence of Emotions* (New York: Cambridge University Press, 2001), 300쪽과 그다음에 있는 그녀의 의견을 따른다.

Michael Cowan은 허리케인 카트리나 이후 뉴올리언스에서 일어나는 정치적 역동성들을 "성문에서 공정을 세우기: 자연 재앙에 뒤이어 공공 기관 개혁하기"(예비 보고서)에서 분석한다. 또한 그의 에세이 "Elbows Together, Hearts Apart: Institutional Reform, Economic Opportunity, and Social Trust in Post-Katrina New Orleans", in *New Orleans under Reconstruction*, ed. C. M.

Reese, M. Sorkin, and A. Fontenot (New York: Verso, 2014), 207-27을 보라.

8

Drew Gilpin Faust는 *This Republic of Suffering: Death and the American Civil War* (New York: Knopf, 2008)에서 내전의 여파를 검토한다. 우리는 100, 168, 268 쪽을 인용한다.

Adam Gopnik은 Faust의 책을 리뷰한 "In the Mourning Store" (*New Yorker*, January 21, 2008, 77-78)에서 이러한 사회적인 변화, "일련의 새로운 사회의식들(그중 몇 가지는 성경에 기반을 둔 것이지만 상당히 세속적인 것으로, 공화국의 시민다운 예식들)"을 기억의 새로운 예식을 상징하는 것으로 기술한다.

Martha Nussbaum은 *The Fragility of Goodness: Luck and Ethics in Greek Tragedy and Philosophy*, rev. ed. (New York: Cambridge University Press, 2001)에서 '치료 없는 치유'를 탐구한다. 82를 보라.

Eva Hoffman의 생각은 *After Such Knowledge: Memory, History, and the Legacy of the Holocaust* (New York: Perseus Books, 2004), 34와 54에 나온다.

중국 학자 Ci Jiwei는 *Dialectic of the Chinese Revolution* (Stanford,

CA: Stanford University Press, 1994), 96에서 고통에 대해 숙고한다.

Catherine Hilkert는 "Edward Schillebeeckx: Encountering God in a Secular and Suffering World", *Theology Today* 62(2005): 376-87에서 악화되고 있는 불의에 대한 Schillebeeckx의 의견에 대해 논평한다.

Kathleen O'Connor는 *Lamentations: The Tears of the World* (Maryknoll, NY: Orbis Book, 2003)에서 동정과 '고통을 반영하기'를 이야기한다. Marcus Aurelius의 견해는 *The Meditations* (Indianapolis, IN: Bobbs-Merrill, 1963), 11에서 볼 수 있다.

9

Erik Erikson은 *Identity, Youth and Crisis* (New York: Norton, 1968), 96에서 발달론적 위기의식을 탐구한다. 그는 *Insight and Responsibility* (New York: Norton, 1964), 115에서 신뢰와 희망을 설명한다. 그는 노년에 가능한 통합 의식을 *Identity: Youth and Crisis* (New York: Norton, 1968), 139에서 정의한다.

Andrew Sullivan의 의견은 "Alone Again, Naturally", *New Republic*, November 28, 1994에 나온다.

L. H. Kalbian은 통합성 덕의 사회적 측면을 에세이 "Integrity

in Catholic Social Ethics", *Journal of the Society of Christian Ethics* 24, no. 2 (2004): 55-69에서 강조한다.

The Psychology of Mature Spirituality, edited by Polly Young-Eisendrath와 Melvin E. Miller (London: Routledge, 2000)에 있는 몇 가지 에세이들이 통합성의 덕을 탐구한다. 특히 John Beebe, "The Place of Integrity in Spirituality"; Ruthellen Josselson, "Relationships as a Path to Integrity, Wisdom and Meaning"; David Rosen and Ellen Crouse, "The Tao of Wisdom"을 보라.

10

두 가지 통찰력 있는 자원들은 Mark Williams, John Teasdale, Zindel Segal, and Jon Kabat-Zinn, *The Mindful Way through Depression* (London: Guilford Press, 2007), 그리고 Thich Nhat Hanh and Lilian Cheung, *Savor: Mindful Eating, Mindful Life* (New York: HarperCollins, 2010)이다. 이 장의 처음 부분에 인용한 것은 *Savor*, 3이다.

심리학자 Daniel Siegel은 그의 *Mindsight: The New Science of Personal Transformation* (New York: Random House, 2010), 43과 29에서 몸의 지혜와 명상(마음 챙김)을 연결시킨다.

분주함에 대한 전형적인 논평 기사에 대해서는 Kate Murphy의 "No

Time to Think", *New York Times*, Sunday, July, 27, 2014를 보라.
Scott Weems, *Ha: The Science of When We Laugh and How* (New York: Basic Books, 2014)에 있는 논평을 보라.
Dacher Keltner은 *Born to Be Good* (New York: Norton, 2009)에서 웃음에 대해 논한다.
Richard Sorabji는 *Emotions and Peace of Mind: From Stoic Agitation to Christian Temptation* (New York: Oxford University Press, 2000)에서 초대 교회에서의 웃음에 대한 해석을 숙고한다.
Andrew Solomon은 *The Noonday Demon: An Atlas of Depression* (New York: Scribner, 2001)에서 유머의 역할에 대해 설명한다.

11

Roberto Unger의 *Passion: An Essay on Personality* (New York: Free Press, 1984), esp. 221, 238, 244에 있는 희망에 대한 정의를 보라.
Erik Erikson은 *Childhood and Society* (New York: Norton, 1950)와 *Identity: Youth and Crisis* (New York: Norton, 1968)에서 희망을 신뢰와 관련짓는다. Victoria McGeer는 *Annals of the American Academy of Politics and Social Science 592* (March 2004): 100-27에 나오는 에세이 "The Art of Good Hope"에서 희

망에 대해 검토한다.

Georg Simmel은 *The Sociology of Georg Simmel*, ed. Kurt Wolff (Nabu Press, 2011)에 있는 에세이 "Faithfulness and Gratitude"에서 감사에 대해 정의를 내린다.

우리는 더 나아가 *Nourishing the Spirit: Healing Emotions of Wonder, Joy, Compassion and Hope* (Maryknoll, NY: Orbis Books, 2012)에서 종교적 감정으로서 희망과 감사에 대해 숙고한다. 특히 4장 "Anger, Courage and Hope"와 12장 "Gratitude and Generosity"를 보라.

12

Atul Gawande는 *Being Mortal: Medicine and What Matters in the End* (New York: Henry Holt, 2014)에서 노화와 죽음에 대한 가치 있는 의견을 제시한다.

Laura Carstensen과 그녀의 동료들은 "Emotional Experience Improves with Aging: Evidence Based on Over Ten Years of Experience Sampling", *Psychology and Aging* 26, no.1 (2011): 21-33에서 노인들 사이에서 볼 수 있는 긍정적인 감정들의 증거를 보고한다.

George Vaillant는 Edward Thompson이 편집한 *Older Men's*

Lives (Thousand Oaks, CA: Sage Publications, 1990)에서 한 장으로 다룬 "Successful Aging and Psychosocial Well-Being"에서 인간의 노화의 경험에 초점을 맞춘다.

Janet Ramsey와 Rosemary Blieszner는 *Spiritual Resiliency and Aging: Hope, Relationality, and the Creative Self* (Amityville, NY: Baywood, 2012)에서 노년기 내내 계속되는 영적 자원들을 이론적으로 정립하고 이 자원이 개인과 공동체 모두에 중요하다는 연구 결과들을 재음미한다.

이 장의 일부 내용은 이전에 나온 우리 책 *Christian Life Patterns: The Psychological Challenges and Religious Invitations of Adult Life* (New York: Crossroad, 1992)에 있는 "To Grow Old among Christians"을 개작했다.

참고 문헌

American Psychological Association. "The Road to Resilience." www.helping.apa.org.

Armstrong, Karen. *The Great Transformation: The Beginning of Our Religious Traditions*. New York: Knopf, 2006.

―――. *A Short History of Myth*. New York: Canongate, 2005.

Beebe, John. "The Place fo Integrity in Spirituality." In *The Psychology of Mature Spirituality: Integrity, Wisdom, Transcendence*, edited by Polly Young-Eisendrath and Melvin E. Miller. London: Routledge, 2000.

Brooks, Arthur. "The Downside of Inciting Envy." *New York Times*, Sunday, March 2, 2014.

―――. "The Father's Example", *New York Times*, Saturday, June 14, 2014.

Cacioppo, John, Harry Reis, and Alex Zautra. "Social Resilience: The Value of Social Fitness with an Application to the Military." *American Psychologist 66* (January, 2011): 43-51, esp. 44.

Carey, Benedict. "On Road to Recovery, Past Adversity Provides a Map", *New York Times,* January 4, 2011, D5.

Carstensen, Laura. "Emotional Experience Improves with Aging: Evidence Based on Over Ten Years of Experience Sampling." Psychology and Aging 26, no.1 (2011): 21-33.

Ci Jiwei. *Dialectic of the Chinese Revolution*. Stanford, CA: Stanford University Press, 1994.

Connelly, William. *A World of Becoming*. Durham, NC: Duke University Press, 2001.

Cottingham, John. *The Spiritual Dimension: Religion, Philosophy, and Human Value*. New York: Cambridge University Press, 2005.

Cowan, Michael. "Elbows Together, Hearts Apart: Institutional Reform, Economic Opportunity, and Social Trust in Post-Katrina New Orleans." In *New Orleans under Reconstruction*, edited by C. M. Reese, M. Sorkin, and A. Fontenot, 207-27. Brooklyn: Verso, 2014.

―――. "Establish Justice in the Gate: Transforming Public Institutions in the Wake of Natural Disaster." Preliminary report shared with authors.

Davidson, Richard J., with Sharon Begley. *The Emotional Life of Your Brain*. New York: Penguin, 2012.

Dreazen, Yochi. The Invisible Front. New York: Crown, 2014.

Emmons, Robert. *The Psychology of Ultimate Concern*. New York: Guilford Press, 1999.

Epstein, Mark. *Open to Desire*. New York: Penguin, 2005.

———. *Thoughts without a Thinker*. New York: Basic Books, 1995.

Erikson, Erik H. *Childhood and Society*. New York: Norton, 1950.

———. Identity: *Youth and Crisis*. New York: Norton, 1968.

Faust, Drew Gilpin. *This Republic of Suffering: Death and the American Civil War*. New York: Knopf, 2008.

Filkins, Dexter. "The Long Road Home." *New York Times*, Sunday, March 9, 2014.

Finkel, David. *Thank You for Your Service*. New York: Farrar, Straus and Giroux, 2013.

Folkman, Susan. *Resilience: The Meanings, Methods, and Measurement.* New York: Oxford University Press, 2010.

―――, ed. *The Oxford Handbook of Stress, Health, and Coping.* New York: Oxford University Press, 2010.

Frederickson, Barbara. *Positivity: The Role of Positive Emotions in Positive Psychology.* New York: Crown, 2009.

Gawande, Atul. *Being Mortal: Medicine and What Matters in the End.* New York: Henry Holt, 2014.

Geertz, Clifford. *Available Light: Anthropological Reflections on Philosophical Topics.* Princeton, NJ: Princeton University Press, 2008.

Giffords, Gabrielle. "The Lessons of Physical Therapy." *New York Times,* January 8, 2014.

Giffords, Gabrielle, and Mark Kelly. *Enough: Our Fight to Keep America Safe from Gun Violence.* New York: Scribner, 2014.

Gopnik, Adam. "In the Mourning Store." *New Yorker,* January 21, 2008, 77–81.

Gritemeyer, Tobias. "Civil Courage." *Journal of Positive Psychology 2*

(2007): 115–19.

Guntzel, Jeff Severns. "Beyond PTSD to 'Moral Injury': On Jonathan Shay's Notion of 'Moral Injury.'" On Krista Tippett's website, www.onbeing.org.

Hanh, Thich Nhat, and Lilian Cheung. *Savor: Mindful Eating, Mindful Life*. New York: HarperCollins, 2010.

Harrington, Anne. *The Cure within: A History of Mind-Body Medicine*. New York: Norton, 2008.

Higgins, Gina O'Connell. *Resilient Adults: Overcoming a Cruel Past*. San Francisco: Jossey-Bass, 1994.

Hilkert, Catherine. "Edward Schillebeeckx: Encountering God in a Secular and Suffering World." *Theology Today 62* (2005): 376–87.

Hoffman, Eva. *After Such Knowledge: Memory, History, and the Legacy of the Holocaust*. New York: Perseus Books, 2004.

Janeway Elizabeth. *Powers of the Weak*. New York: Knopf, 1981.

Josselson, Ruthellen. "Relationship as a Path to Integrity, Wisdom, and Meaning." In *The Psychology of Mature Spirituality: Integrity,*

Wisdom, Transcendence, edited by Polly Young-Eisendrath and Melvin E. Miller. London: Routledge, 2000.

Kalbian, L. H. "Integrity in Catholic Social Ethics." *Journal of the Society of Christian Ethics* 24, no.2 (2004): 55-69

Kegan, Robert. *The Evolving Self.* Cambridge, MA: Harvard University Press, 1982.

Keltner, Dacher. *Born to Be Good.* New York: Norton, 2009.

Khoshaba, Deborah. "Power." www.HardinessInstitute.com.

Klay, Phil. "After War: A Failure of the Imagination." *New York Times, Sunday,* February 9, 2014.

———. *Redeployment.* New York: Penguin, 2014.

Kornfield, Jack. "Stopping the War." Excerpt from *A Path with Heart:* On the Young Medic's Experience of War and Self-compassion. www.yin4men.com.

Kristof, Nicholas, and Sheryl WuDunn. *A History of Mind-Body Medicine.* New York: Norton, 2008.

Leunig, Michael. *Curly Pajama Letters.* Melbourne: Viking Australia, 2006.

MacIntyre, Alasdair. *After Virtue: A Study in Moral Theory*. Notre Dame, IN: University of Notre Dam Press. 1981.

Mandela, Nelson. *Conversations with Myself*. New York: Farrar, Straus and Giroux, 2010.

―――. *Long Walk to Freedom, The Autobiography of Nelson Mandela*. New York: Little, Brown, 1994.

Marcus Aurelius. *The Meditations*. Indianapolis, IN: Bobbs-Merrill, 1963.

McGeer, Victoria. "The Art of Good Hope." *Annals of the American Academy of Politics and Social Science*, 592 (March 2004): 100-27

Murphy, Kate. "No Time to Think." *New York Times*, July 27, 2014.

Neiman, Susan. *Evil in Modern Thought: An Alternative History of Philosophy*. Princeton, NJ: Princeton University Press, 2002.

―――. *Moral Clarity: A Guide for Grown-up Idealists*. New York: Harcourt, 2008.

Nouwen, Henri. *Life of the Beloved*. New York: Crossroad, 1993.

Nussbaum, Martha. *The Fragility of Goodness: Luck and Ethics in Greek Tragedy and Philosophy.* Rev. ed. New York: Cambridge University Press, 2001.

―――. *Hiding from Humanity: Disgust, Shame, and the Law.* Princeton, NJ: Princeton University Press, 2004.

―――. *Political Emotions.* Cambridge, MA: Harvard University Press, 2013.

―――. *Upheavals of Thought: The Intelligence of Emotions.* New York: Cambridge University Press, 2001.

O'Connor, Kathleen. Lamentations: *The Tears of the World.* Maryknoll, NY: Orbis Books, 2003.

Ong, Anthony, C. S. Bergerman, and Steven M. Baker. "Resilience Comes of Age: Defining Features in Late Adulthood." *Journal of Personality 6* (December 2009): 1777-1804.

Packer, George. "Home Fires." *New Yorker,* April 7, 2014.

Pargament, Kenneth. *The Psychology of Religion and Coping: Theory, Research, Practice.* New York: Guilford Press, 1997.

Pieper, Josef. *The Four Cardinal Virtues.* South Bend, IN: University of Notre Dame Press, 1996.

Povoledo, Elisabetta. "Pope Francis Beatifies an Earlier Reformer, Paul VI." *New York Times*, Monday, October 20, 2014.

Powers, Kevin. *Letters Composed during a Lull in the Fighting: Poems*. New York: Little Brown, 2014.

Ramsey, Janet, and Rosemary Blieszner. *Spiritual Resiliency and Aging: Hope, Relationality, and the Creative Self*. Amityville, NY: Baywood, 2012.

Reich, Alex, and John Zautra. *The Psychology of Everyday Life*. New York: Oxford University Press, 2010.

Rodriguez, Richard. *Darling: A Spiritual Autobiography*. New York: Viking, 2013.

Rogers, Carl. *Personal Power: Inner Strength and Its Revolutionary Impact*. New York: Delacourt, 1978.

Rosen, David, and Ellen Crouse. "The Tao of Wisdom." In *The Psychology of Mature Spirituality: Integrity, Wisdom, Transcendence*, edited by Polly Young-Eisendrath and Melvin E. Miller. London: Routledge, 2000.

Schama, Simon. *The Story of the Jews*. New York: HarperCollins, 2013.

Scheler, Max. "Negative Feelings and the Destruction of Values: *Ressentiment.*" In *Max Scheler on Feeling, Knowing, and Valuing,* edited by Harold Bershady. Chicago: University of Chicago Press, 1992.

Schmitt, Mark. *The Age of Austerity: How Scarcity Will Remake American Politics* New York: Doubleday, 2012.

———. "Within Limits." *New York Times,* Sunday, January 22, 2012, 16.

Sennett, Richard. *Authority.* New York: Vintage Books, 1981.

Shanker, Thom, and Richard Oppel. "War's Elite Tough Guys, Hesitant to Seek Healing." *New York Times,* Friday, June 6, 2014.

Shay, Jonathan. *Achilles in Vietnam.* New York: Atheneum, 1994.

———. *Odysseus in America: Combat Trauma and the Tales of Homecoming.* New York: Scribner, 2003.

Siegel, Daniel. *Mindsight: The New Science of Personal Transformation.* New York: Tandom House, 2010.

Simmel, Georg. "Faithfulness and Gratitude." In *The Sociology* of Georg Simmel, edited by Kurt Wolff. Nabu Press, 2011.

Smith, Bruce W., J. Alexis Ortiz, Kathryn T. Wiggins, Jennifer F. Bernard, and Jeanne Dalen. "Spirituality, Resilience, and Positive Emotions." In *Oxford Handbook of Psychology and Spirituality*, edited by Lisa J. Miller, 437-54. New York: Oxford University Press, 2012.

Simth, Glenn. "The Dangers of Political Resentment." September 4, 2011. shadowproof.com.

Smith, Jada. "Using Flag to Focus on Veteran Suicides." *New York Times*, Friday, March 28, 2014.

Solomon, Andrew. *Far from the Tree: Parents, Children, and the Search for Identity*. New York: Scribner, 2012.

―――. *The Noonday Demon: An Atlas of Depression*. New York: Scribner, 2001.

Sorabji, Richard. *Emotions and Peace of Mind: From Stoic Agitation to Christian Temptation*. New York: Oxford University Press, 2000.

Southwick, Steven, and Dennis Charney. *Resilience: The Science of Mastering Life's Greatest Challenges*. New York: Cambridge University Press, 2012.

Sullivan, Andrew. "Alone Again, Naturally", *New Republic,* November 28, 1994.

Taylor, Charles. *A Secular Age.* Cambridge, MA: Harvard University Press, 2007.

Turner, Brian. *My Life in a Foreign Country: A Memoir.* London: Jonathan Cape, 2014.

Unger, Roberto. *Passion: An Essay on Personality.* New York: Free Press, 1984.

―――. *The Self Awakened.* Cambridge, MA: Harvard University Press, 2007.

Vaillant, George. "Positive Emotions, Spirituality, and the Practice of Psychiatry." *Mental Health, Spirituality and the Practice of Psychiatry 6* (2008): 48-62.

―――. *Spiritual Evolution: A Scientific Defense of Faith.* New York: Doubleday, 2009.

―――. "Successful Aging and Psychological Well-Being." In *Older Men's Lives,* edited by Edward Thompson, 22-41. Thousand Oaks, CA: Sage Publications, 1990.

Weems, Scott. *Ha: The Science of When We Laugh and How.*

New York: Basic Books, 2014.

Whitehead, Evelyn Eaton, and James D. Whitehead. *Christian Life Patterns*. New York: Crossroad, 1992.

———. *The Emerging Laity: Returning Leadership to the Community of Faith*. New York: Doubleday Religious Publishing Group, 1986.

———. *Nourishing the Spirit: The Healing Emotions of Wonder, Joy, Compassion and Hope*. Maryknoll, NY: Orbis Books, 2012.

———. *Seasons of Strength: New Visions of Adult Christian Maturing*. Lincoln, NE: I-Universe, 2003.

Williams, Mark, John Teasdale, Zindel Segal, and Jon Kabat-Zinn. *The Mindful Way through Depression*. London: Guilford Press, 2007.

Winnicott, D. W. *Home Is Where We Start From*. New York: Norton, 1986.

Wright, Steven. "I have the world's largest seashell collection." www.brainyquote.com.

Yearley, Lee H. *Mencius and Aquinas: Theories of Virtue and*

Conceptions of Courage. Albany: State University of New York Press, 1990.

Yeung, Douglas, and Margaret T. Martin. "Spiritual Fitness and Resilience: A Review of Relevant Constructs, Measures, and Links to Well-Being", RAND Project AIR FORCE Series on Resiliency, 2014.

Yousafzai, Malala, with Christina Lmab. *I Am Malala*. New York: Little, Brown, 2013.

Zautra, Alex J. and John W. Reich. "Resilience: The Meanings, Methods, and Measures of a Fundamental Characteristic of Human Adaptation." In *The Oxford Handbook of Stress, Health, and Coping,* edited by Susan Folkman. New York: Oxford University Press, 2011.